사자성어를 알면 어휘가 보인다

신성권 지음

쓰기 연습 노트 2

하늘아래

한자교육의 중요성에 대하여

한자 없이 한글만 사용해도 문맥에 따라 그 의미를 파악할 수 있다고 주장하는 사람들은, 한자 교육은 그저 사교육을 부추기고 학습 부담만 늘리는 요인이라고 생각하겠지만, 한자를 학습했을 때 얻을 수 있는 효과가 매우 크다는 점을 알아두길 바란다.

한글이 만들어진 이후에도 우리가 일상생활에서 사용하고 있는 한자어의 수는 대단히 많다. 우리말의 어휘는 70% 정도가 한자로 되어있고 동음이의어가 많아 한글로만 표기할 시 의미 구별이 쉽지가 않다. 일상에서 자주 사용하는 쉬운 어휘들은 한글의 학습만으로도 문맥상 잘 구분해서 사용할 수 있겠지만, 대학교 진학 이후에 마주하게 되는 학술용어나 전문용어는 대부분이 한자어로 되어있고 이것을 한글만으로 표기했을 때 올바른 의미 전달이 되지 않을 뿐만 아니라 내용상 혼란을 야기할 수도 있다. 한자를 알면 그만큼, 전문용어에 대한 이해와 습득에 유리할 수밖에 없는 것이다.

비용효율적인 면에서도 한자 교육의 효과는 매우 크다. 아이에게 한자를 가르친다고 해서, 많은 비용이나 시간이 들어가는 것도 아니다. 한자는 어릴 때 한 번 제대로 공부해 두면, 어른이 되어서도 그 한자 실력으로 효용을 누릴 수 있다. 한자 관련 전공자가 아닌 이상, 모든 국민이 한자를 수년간 매달리면서 공부해야 할 필요는 없다. 기본 한자 1,000개 정도와 일상에서 자주 쓰는 사자성어만 좀 알아두면, 한자 실력이 부족해서 불이익받을 일은 거의 없다. 이는 똑똑한 아이는 한두 달, 학습능력이 보통인 아이들은 몇 개월이면 습득 가능한 수준이다.

고급어휘의 습득을 떠나, 현재 우리나라에는 자신의 이름, 가족의 이름도 한자로 쓸 줄 모르거나 읽을 줄 모르는 학생들이 수두룩하다. 이는 생각보다 심각한 수준이다. 한자는 몇 개월 집중적으로 공부하면, 들인 시간 및 비용 대비 얻을 수 있는 효용이 큰데, 이것을 하지 않아서 한자로 자기 이름도 쓸 줄 모르는 국민이 양산되는 것은 필자로서는 이해하기 힘들다.

한편, 한자를 중국만의 문자로 보는 좁은 인식에서 벗어나는 것도 중요하다. 한자는 동양문화권의 기반이 되는 문자로 이해해야 한다. 우리나라에는 한자로 보전되어있는 전통문화유산이 매우 많다. 아시아 국가 간 문화적 이해와 교류를 위해서라도 한자 교육은 반드시 필요하다. 한자를 한 번 습득해 두면, 차후 중국어나 일본어를 익힐 때도 큰 도움이 될 것이다.

끝으로 이 책은 사자성어를 통해 초·중·고등학생부터 성인에 이르기까지, 한자를 익힐 수 있도록 하는 데 목적이 있다. 특히 속담, 노력, 독서, 욕심, 걱정(근심), 은혜, 청렴 등 일곱 가지 주제별로 다양한 사자성어를 다루었으며, 각 파트별로 한자를 배우고, 멋지게 쓰고, 멋지게 표현할 수 있도록 세 가지 원칙으로 구성하였다.

《사자성어를 알면 어휘가 보인다》의 《쓰기 연습 노트 2》는 기초 한자에서부터 고급 한자에 이르기까지 매우 다양한 한자를 다루고 있으므로, 분명 어휘력과 지적 교양이 한층 높아지게 될 것이다. 하지만 무작정 암기하는 것은 별로 추천하지 않는다. 모든 학문에는 원리와 원칙이 존재하는 법. 원리와 원칙을 먼저 파악하고 그것들을 생각하면서 한자를 익혀야 더욱 효과적인 학습이 가능할 것이다. 본문에 앞서 서두에 한자의 형성 원리와 필순에 대한 원칙들을 정리하였다. 이를 먼저 익히고, 고려하면서 한자 공부를 시작하길 권한다.

신성권

한자가 만들어지고 활용되는 원리를 6가지로 분류하여 육서(六書)라고 한다. 고대인들이 육서라는 원칙을 세우고 거기에 따라 글자를 만든 것이기보다는, 후대 사람들이 한자를 분석하여 여섯 가지로 귀납시킨 것이다.

육서에는 상형(象形), 지사(指事), 회의(會意), 형성(形聲), 전주(轉注), 가차(假借)가 있다. 한자를 학습할 때, 무작정 쓰면서 암기하기보다는, 만들어지고 활용되는 원리를 함께 생각하면서 익히는 편이 효율적일 것이다.

1. 상형(象形)
물체의 형상을 본떠서 글자를 만드는 방법이다.

예 해를 본떠서 '日(날 일)'자를 만듦. ☼ → ☉ → ϑ → 日

2. 지사(指事)
사물의 추상적인 개념을 본떠 글자를 만드는 방법으로, 글자 모양이 어떤 사물의 위치나 수량을 나타냄.

예 上은 위 下는 아래, 一은 하나 二는 둘을 가리킴.

3. 회의(會意)
둘 이상의 한자를 합하고 그 뜻도 합성하여 글자를 만드는 방법.

예 日(날 일)과 月(달 월)을 합하여 明(밝을 명)자를 만들어 밝다는 뜻을 나타냄

4. 형성(形聲)
둘 이상의 한자를 합하여 새로운 글자를 만드는 방법으로 일부는 뜻을 나타내고 일부는 음을 나타낸다.

예 銅(구리 동)자에서 金(쇠 금)은 금속이라는 뜻을 나타내고 同(한 가지 동)은 음을 나타낸다.

5. 전주(轉注)

이미 있는 한자의 뜻을 확대하여 다른 뜻으로 쓰는 방법으로, 음이 바뀌기도 한다.

예 樂(풍류 악)이 '즐길 락', '좋아할 요'라는 훈음으로 쓰임.

6. 가차(假借)

어떤 뜻을 나타내는 한자가 없을 때 뜻은 다르나 음이 유사한 글자를 빌려 쓰는 방법이다.

예 Italia(이탈리아) ➡ 이태리(伊太利)

한자의 필순 筆順

한자를 쓰는 데는 일정한 규칙이 있다. 필순(筆順)이란 한자 낱자를 쓸 때의 순서를 의미한다. 필순이 먼저 생기고 그것에 따라 쓴 것이 아니라는 점에서 반드시 절대적이라고 할 수는 없지만, 수많은 한자를 씀에 있어 모양새 있게 쓰면서 빠르고 정확하게 쓸 수 있는 순서를 찾아 이를 귀납적으로 규칙화한 것이다.

필순(筆順)의 원칙은 다음과 같다.

1. 위에서 아래로 쓴다.

예 三	一 二 三

2. 왼쪽에서 오른쪽으로 쓴다.

예 川	ノ 丿ᴵ 川

3. 가로와 세로가 겹칠 때에는 가로획을 먼저 쓴다.

예 十	一 十

4. 좌우 대칭일 때는 가운데 획을 먼저 쓰고 왼쪽, 오른쪽의 순서로 쓴다.

예 小	亅 小 小
예 水	亅 水 水 水

5. 둘러싼 모양의 글자는 바깥둘레를 먼저 쓰고 안은 나중에 쓴다.

예 月	ノ 刀 月 月
예 同	丨 冂 月 同 同 同

– 바깥둘레를 먼저 쓰고, 안은 나중에 쓰나 문은 마지막에 닫는다.

예 回	丨 冂 冋 回 回 回
예 國	丨 冂 冂 冋 同 同 同 國 國 國 國

6. 삐침(丿)과 파임(乀)이 어우를 때는 삐침을 먼저 쓴다.

예 人	ノ 人
예 父	ノ 丷 グ 父

6

7. 글자 전체를 꿰뚫는 획이나 받침(辶, 廴)은 나중에 쓴다.

예 中	ㅣ 冂 口 中
예 母	ㄴ 囗 囝 母 母

예 近	´ ㄏ ㇷ 斤 斤 沂 沂 近
예 建	ㄱ ㅋ ㅋ ㅋ ㄹ 聿 津 建 建

예외) 起, 題, 勉 등의 받침(走, 是, 免)은 받침을 먼저 쓴다.

8. 오른쪽 위의 점과 안의 점은 맨 나중에 찍는다.

예 代	ノ 亻 仁 代 代
예 瓦	一 ㄱ 瓦 瓦 瓦

* 원칙으로 인정되는 필순이 복수이거나 위의 원칙에서 벗어나는 예외적인 글자도 간혹 있지만,

  그런 경우는 별도로 익혀두는 수밖에 없다.

〈필순 참고사항〉

1. ⺿(초두머리)는 4획으로 다음의 필순을 권장한다.

⺿	一 十 ㅛ ⺿

2. 癶(필발머리)의 필순은 5획으로 다음의 필순을 권장한다.

癶	ㄱ ㄢ ㄢ 癶 癶

3. 臼(절구 구)의 필순은 6획으로 다음의 필순을 권장한다.

臼	´ 亻 亻 臼 臼 臼

차례

속담

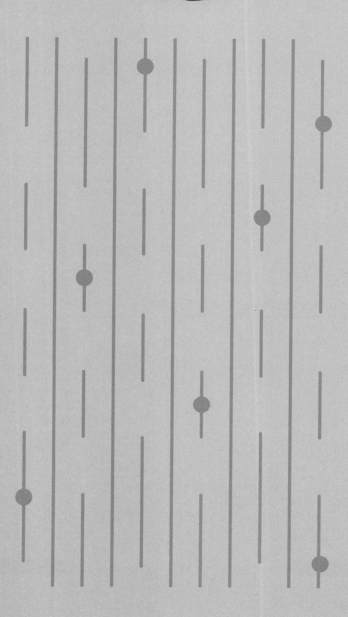

걸인연천
乞人憐天

거지가 하늘을 불쌍히 여긴다는 뜻으로, 불행한 처지에 놓여
있는 사람이 부질없이 행복한 사람을 동정함을 이르는 말.

빌 걸   부수: 乙

총 3획 ノ 𠂉 乞

사람 인   부수: 人

총 2획 ノ 人

불쌍히 여길 연   부수: 忄

총 15획 丶 丶 忄 忄 忄 忄 忄 忄 忄 忄
忄 憐 憐 憐

하늘 천   부수: 大

총 4획 一 二 チ 天

멋지게 쓰기

乞　人　憐　天

멋지게 말하기

일반 직장인이 연예인들을 걱정하는 것은
걸인연천과 같다.

격화소양
隔靴搔癢

신을 신고 발바닥을 긁는다는 뜻으로,
일이 성에 차지 않는 안타까움을 이르는 말.

사이 뜰 격   부수: 阝

총 13획 ' ` 阝 阝 阡 阡 阡 阡 隔 隔 隔 隔 隔

신 화   부수: 革

총 13획 一 十 廿 廿 廿 苗 苗 苴 革 革 靬 靴 靴

긁을 소   부수: 扌

총 13획 一 十 扌 扌 扒 押 押 押 搔 搔 搔 搔 搔

가려울 양   부수: 疒

총 20획 ' 亠 广 广 疒 疒 疒 疒 疒 疒 疒 疒 疒 痒 痒
癢 癢 癢 癢 癢 癢

멋지게 쓰기

隔　靴　搔　癢

멋지게 말하기

일 처리가 완벽하지 않아 **격화소양**일 따름이다.

10

견금여석

見金如石

황금 보기를 돌같이 한다는 뜻으로,
재물을 멀리하고 의리를 앞세운다는 의미.

경투하사

鯨鬪鰕死

고래 싸움에 새우가 죽는다는 속담으로 강자끼리 싸우는
틈에 끼여 약자가 아무런 상관없이 화를 입는다는 말.

볼 견 　　　　　　　　　　　　부수: 見

見　見

총 7획　丨 丨ㄇ 丌 丌 冃 目 貝 見

쇠 금 　　　　　　　　　　　　부수: 金

金　金

총 8획　丿 人 𠆢 合 今 全 余 金

같을 여 　　　　　　　　　　　부수: 女

如　如

총 6획　ㄑ 乆 女 女 如 如

돌 석 　　　　　　　　　　　　부수: 石

石　石

총 5획　一 丆 厂 石 石

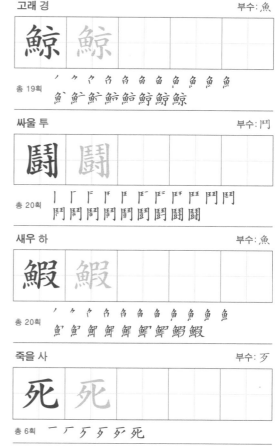

고래 경 　　　　　　　　　　　부수: 魚

鯨　鯨

총 19획　丿 ㄠ ㄣ 各 各 备 备 魚 魚 魚 魚
魚 魚 魟 鮗 鮏 鯨 鯨 鯨

싸울 투 　　　　　　　　　　　부수: 鬥

鬪　鬪

총 20획　丨 丨 丨 丨 丨 丨 丨 丨 鬥 鬥
鬥 鬥 鬥 鬥 鬥 鬥 鬪 鬪 鬪

새우 하 　　　　　　　　　　　부수: 魚

鰕　鰕

총 20획　丿 ㄠ ㄣ 各 各 备 备 魚 魚 魚 魚
魚 魨 鮕 鮵 鮵 鮿 鰕 鰕 鰕

죽을 사 　　　　　　　　　　　부수: 歹

死　死

총 6획　一 丆 歹 歹 死 死

멋지게 쓰기

見　金　如　石

멋지게 쓰기

鯨　鬪　鰕　死

멋지게 말하기

요즘 같은 세상에 **견금여석**하며, 의리를 중시하는
사람은 찾아보기 힘들다.

멋지게 말하기

실장님과 팀장님의 언쟁으로 부서 분위기가
살벌해져서 부하직원들만 **경투하사**가 되었다.

鷄卵有骨

달걀에도 뼈가 있다는 뜻으로, 운수가 나쁜 사람은 모처럼
좋은 기회를 만나도 역시 일이 잘 안됨을 이르는 말.

藁網捉虎

썩은 새끼로 범을 잡는다는 뜻으로, 서툰 솜씨로
큰일을 하려는 어리석음을 이르는 말.

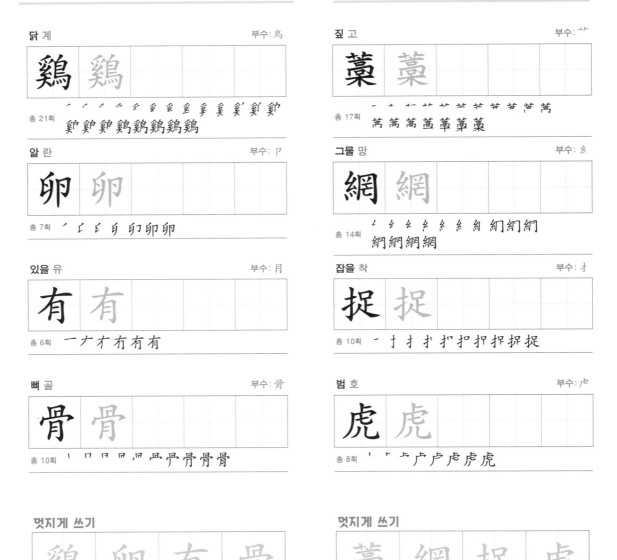

닭 계 　　　　　　　　　　　부수:鳥

鷄　鷄

총 21획

알 란 　　　　　　　　　　　부수:卩

卵　卵

총 7획

있을 유 　　　　　　　　　　부수:月

有　有

총 6획　一 ナ オ 有 有 有

뼈 골 　　　　　　　　　　　부수:骨

骨　骨

총 10획

짚 고 　　　　　　　　　　　부수:艹

藁　藁

총 17획

그물 망 　　　　　　　　　　부수:糸

網　網

총 14획

잡을 착 　　　　　　　　　　부수:扌

捉　捉

총 10획　一 亅 扌 扌 扌 扩 抧 扫 捉 捉

범 호 　　　　　　　　　　　부수:虍

虎　虎

총 8획　｜ ｜ ｜ 广 卢 卢 虍 虎 虎

멋지게 쓰기

鷄　卵　有　骨

멋지게 쓰기

藁　網　捉　虎

멋지게 말하기

대학교에 최종 합격하고도 등록금 납부 시기를 잘못
알아서 진학하지 못한 걸 보면, 정말 **계란유골**이다.

멋지게 말하기

그정도 실력으로 회사의 큰 프로젝트를 맡는 것은
고망착호와 다름없다.

孤掌難鳴

외손뼉만으로는 소리가 울리지 아니한다는 뜻으로,
혼자의 힘만으로 어떤 일을 이루기 어려움을 이르는 말.

苦盡甘來

쓴 것이 다하면 단 것이 온다는 뜻으로,
고생 끝에 즐거움이 옴을 이르는 말.

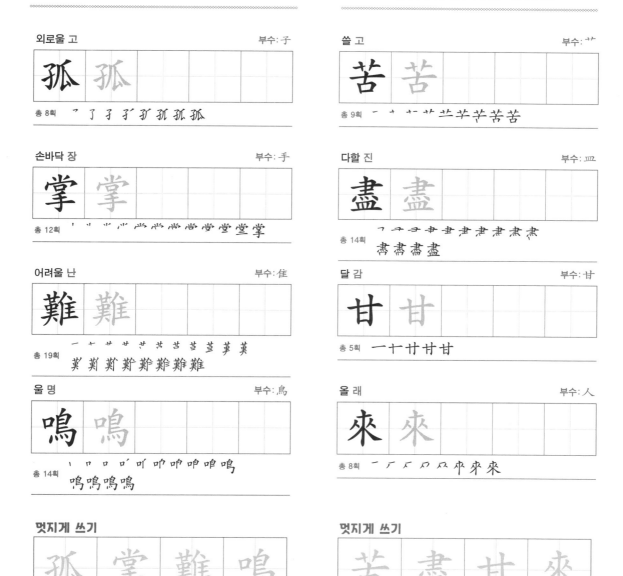

외로울 고   부수: 子

孤 孤

총 8획 　ㄱ 了 孑 孑 孒 孤 孤 孤

쓸 고   부수: 艹

苦 苦

총 9획 　一 十 十 艹 艹 芐 若 苦 苦

손바닥 장   부수: 手

掌 掌

총 12획 　丶 丷 丷 丷 冖 씀 씀 尚 堂 堂 堂 掌

다할 진   부수: 皿

盡 盡

총 14획 　フ フ ㅋ 申 聿 聿 肀 肀 聿 聿 盡 盡 盡 盡

어려울 난   부수: 隹

難 難

총 19획 　一 十 廿 廿 廿 苗 苗 萁 堇 堇 菓 菓 菓 難 難 難 難 難

달 감   부수: 甘

甘 甘

총 5획 　一 十 廿 甘 甘

울 명   부수: 鳥

鳴 鳴

총 14획 　丨 口 口 口 吖 吖 咿 咿 嗚 鳴 鳴 鳴 鳴

올 래   부수: 人

來 來

총 8획 　一 厂 厂 厂 夾 來 來 來

멋지게 쓰기

孤 掌 難 鳴

멋지게 쓰기

苦 盡 甘 來

멋지게 말하기

고장난명이라고 했다. 너 혼자만의 힘으로 대세를
바꾸진 못할 것이다.

멋지게 말하기

고진감래라더니, 오랜 수험생활 끝에
세무사 시험에 합격하였다.

과유불급
過猶不及

정도를 지나침은 미치지 못함과 같다는 뜻으로,
중용(中庸)이 중요함을 이르는 말.

교각살우
矯角殺牛

소의 뿔을 바로잡으려다 소를 죽인다는 뜻으로, 결점이나
흠을 고치려다 정도가 지나쳐 도리어 일을 그르침.

지날 과   부수: 辶

過 　過

총 13획 丨 冂 冂 冎 咼 咼 咼 咼 渦 渦 渦 過 過

오히려 유   부수: 犭

猶 　猶

총 12획 丿 犭 犭 犭 犴 犷 犷 猶 猶 猶 猶 猶

아니 불   부수: 一

不 　不

총 4획 一 丆 丆 不

미칠 급   부수: 又

及 　及

총 4획 丿 丆 乃 及

바로잡을 교   부수: 矢

矯 　矯

총 17획 丿 亻 二 夫 矢 矢 矢 矫 矫 矫 矫 矫 矫 矫 矫 矫 矯

뿔 각   부수: 角

角 　角

총 7획 丿 ⺈ 勹 角 角 角 角

죽일 살   부수: 殳

殺 　殺

총 11획 丿 乂 二 弁 杀 杀 杀 杀 殺 殺 殺

소 우   부수: 牛

牛 　牛

총 4획 丿 一 二 牛

멋지게 쓰기

過 猶 不 及

멋지게 쓰기

矯 角 殺 牛

멋지게 말하기

과유불급이라고, 칭찬도 과하면 상대방의 기분을
불쾌하게 만들 수 있다.

멋지게 말하기

글은 어느 정도 아쉬움이 남을 때까지만 손보는 게
좋다. 너무 많이 수정을 가하면 **교각살우**가 되기 쉽다.

담호호지
談虎虎至

호랑이를 말하면 호랑이가 온다는 뜻으로,
남에 관해 함부로 말하지 말라는 뜻.

당구풍월
堂狗風月

서당 개 3년이면 풍월을 읊는다는 뜻으로, 무슨 일 하는 것을
오래 보고 듣고 있으면 자연히 할 줄 알게 된다는 뜻.

말씀 담   부수: 言

談	談				

총 15획 `丶 一 亠 亖 言 言 言 言 訁 談 談`
`談 談 談 談`

집 당   부수: 土

堂	堂				

총 11획 `丨 丷 丷 ᵗᵗ ᵗᵗ ᵗᵗ 尚 尚 堂 堂 堂`

범 호   부수: 虍

虎	虎				

총 8획 `丨 卜 ŀ 广 户 卢 虎 虎`

개 구   부수: 犭

狗	狗				

총 8획 `丿 犭 犭 犭 犳 狗 狗 狗`

범 호   부수: 虍

虎	虎				

총 8획 `丨 卜 ŀ 广 户 卢 虎 虎`

바람 풍   부수: 風

風	風				

총 9획 `丿 几 凡 凡 同 同 風 風 風`

이를 지   부수: 至

至	至				

총 6획 `一 云 云 至 至 至`

달 월   부수: 月

月	月				

총 4획 `丿 几 月 月`

멋지게 쓰기

談	虎	虎	至

멋지게 쓰기

堂	狗	風	月

멋지게 말하기

지영이는 좋은 친구인데 **담호호지**가 문제가 되어
실수할 때가 있다.

멋지게 말하기

회사에서 그는 **당구풍월**적인 경력을 쌓아 나가며
과장으로 승진했다.

同價紅裳

동가홍상
同價紅裳

같은 값이면 다홍치마라는 뜻으로,
같은 값이면 좋은 물건을 가짐을 이르는 말.

한가지 동   부수: 口

同	同				

총 6획   丨 冂 冂 同 同 同

값 가   부수: 亻

價	價				

총 15획   丿 亻 亻 俨 俨 俨 價 價
價 價 價 價 價 價

붉을 홍   부수: 糸

紅	紅				

총 9획   乙 乡 乡 糸 糸 糸 紅 紅 紅

치마 상   부수: 衣

裳	裳				

총 14획   丨 丨 业 业 严 严 常 常 常 堂
堂 堂 裳 裳

멋지게 쓰기

同	價	紅	裳

어떤 두 대학의 학비가 같다면, **동가홍상** 원칙에 따라
좋은 학과와 시설을 갖춘 대학을 선택하는 것이 현명하다.

동족방뇨
凍足放尿

언 발에 오줌 누기라는 뜻으로, 잠시 동안만 효력이
있을 뿐 효력이 바로 사라짐을 비유적으로 이르는 말.

얼 동   부수: 冫

凍	凍				

총 10획   丶 冫 冫 广 泪 泪 泪 泪 凍 凍

발 족   부수: 足

足	足				

총 7획   丨 口 口 口 旦 足 足

놓을 방   부수: 攵

放	放				

총 8획   丶 亠 方 方 扩 扩 放 放

오줌 뇨(요)   부수: 尸

尿	尿				

총 7획   丁 コ 尸 尸 尸 尿 尿

멋지게 쓰기

凍	足	放	尿

자신의 잘못을 숨겨 그 순간을 모면하는 것은,
동족방뇨에 지나지 않는다.

등고자비
登高自卑

높은 곳에 오르려면 낮은 곳에서부터 오른다는
뜻으로, 일을 순서대로 하여야 함을 이르는 말.

등하불명
燈下不明

등잔 밑이 어둡다는 뜻으로, 가까이에 있는 물건이나
사람을 잘 찾지 못함을 이르는 말.

오를 등   부수: 癶

登　登

총 12획　ブ ヲ ヺ ヺ 癶 癶 癶 欢 登 登 登 登

높을 고   부수: 高

高　高

총 10획　亠 亠 亠 亠 亠 高 高 高 高

스스로 자   부수: 自

自　自

총 6획　亅 亻 门 白 自 自

낮을 비   부수: 十

卑　卑

총 8획　亅 亻 冂 白 白 自 鱼 卑

등 등   부수: 火

燈　燈

총 16획　丶 丶 丬 火 火 灯 灯 灯 炏 燃
燃 燃 燈 燈 燈 燈

아래 하   부수: 一

下　下

총 3획　一 丁 下

아닐 불   부수: 一

不　不

총 4획　一 丁 才 不

밝을 명   부수: 日

明　明

총 8획　丨 冂 日 日 日 明 明 明

멋지게 쓰기

멋지게 쓰기

멋지게 말하기

그녀는 **등고자비**를 생각하며 무릎을 꿇고 공부에
열중했고, 결국 좋은 직장에 취직할 수 있었다.

멋지게 말하기

등하불명이라고, 아무리 찾아도 안 보이던 게 알고
보면 찾기 쉬운 곳에 놓여 있는 경우가 많다.

마부위침
磨斧爲針

도끼를 갈아서 바늘을 만든다는 뜻으로, 아무리 어려운
일도 끊임없이 노력하면 반드시 이룰 수 있다는 뜻.

갈 마   부수: 石

磨 磨

총 16획 `丶 亠 广 广 庁 庁 麻 麻 麻 麻 麻 麻 磨 磨 磨 磨

도끼 부   부수: 斤

斧 斧

총 8획 ` 丷 父 父 父 斧 斧 斧

할 위   부수: 灬

爲 爲

총 12획 ` 丶 丷 爫 爫 尸 尸 爲 爲 爲 爲 爲

바늘 침   부수: 金

針 針

총 10획 ノ 人 스 스 牟 牟 余 金 金 針

멋지게 쓰기

磨 斧 爲 針

망우보뢰
亡牛補牢

소 잃고 외양간 고친다는 뜻으로, 일이 이미 잘못된
뒤에는 손을 써도 소용이 없음을 이르는 말.

망할 망   부수: 亠

亡 亡

총 3획 ` 亠 亡

소 우   부수: 牛

牛 牛

총 4획 ノ 仁 二 牛

기울 보   부수: 衤

補 補

총 12획 ` 丁 才 衤 衤 衤 衤 衤 袻 袻 補 補

우리 뢰   부수: 牛

牢 牢

총 7획 ` 丷 宀 宀 宀 宀 牢

멋지게 쓰기

亡 牛 補 牢

멋지게 말하기

그녀는 초등학교 때부터 끈질긴 노력으로 **마부위침**의
원리를 실천하여, 지금은 세계적인 피아니스트가 되었다.

멋지게 말하기

소중한 것들을 잃어버린 후에 한탄하지 말고
망우보뢰의 뜻을 새겨 보아야 할 것 같다.

목불식정

目不識丁

아주 간단한 글자인 '丁' 자를 보고도 그것이 '고무래'인 줄을 알지 못한다는 뜻으로, 아주 까막눈임을 이르는 말.

눈 목   부수: 目

目 目

총 5획 丨 冂 冃 冃 目

아닐 불   부수: 一

不 不

총 4획 一 ブ 不 不

알 식   부수: 言

識 識

총 19획 丶 亠 二 言 言 言 言 言 言 言 言
識 識 識 識 識 識 識 識

고무래 정   부수: 一

丁 丁

총 2획 一 丁

멋지게 쓰기

멋지게 말하기

목불식정 상태에서 시작해 결국 세계적인 문학가가 된 그의 인생은 놀라운 전환점을 가지고 있다.

묘두현령

描頭懸鈴

고양이 목에 방울 달기라는 뜻으로, 불가능한 일을 의논하는 상황을 비유하는 말.

고양이 묘   부수: 犭

描 描

총 12획 丿 犭 犭 犭 犭 犭 犭 犭 猫 猫 猫 猫

머리 두   부수: 頁

頭 頭

총 16획 一 亓 亓 豆 豆 豆 豆 豆 頭
頭 頭 頭 頭 頭 頭

달 현   부수: 心

懸 懸

총 20획 丨 冂 冃 冃 目 目 县 県 県 県 県
県 県 県 県 県 県 縣 懸 懸 懸

방울 령   부수: 金

鈴 鈴

총 13획 丿 仝 仝 仝 牟 牟 牟 金 金 鈴 鈴 鈴 鈴

멋지게 쓰기

멋지게 말하기

그의 창업 아이디어는 **묘두현령**일 뿐, 실제로 실행할 생각은 없는 것 같다.

무병자구
無病自灸

병이 없는데 스스로 뜸을 뜬다는 뜻으로, 쓸데없이 불필요한 노력을 하는 상황을 비유하는 말.

없을 무 부수: 灬

無 無

총 12획 ノ ㇒ ㇒ ㇒ 午 缶 缶 無 無 無 無 無

병 병 부수: 疒

病 病

총 10획 ` 亠 广 广 疒 疒 疒 病 病 病

스스로 자 부수: 自

自 自

총 6획 ノ 亻 白 白 白 自

뜸 구 부수: 火

灸 灸

총 7획 ノ ク ク ケ ケ 多 灸

비불외곡
臂不外曲

팔은 안으로 굽지 밖으로 굽지 않음을 이르는 말.

팔 비 부수: 月

臂 臂

총 17획 ㇋ コ 尸 尸 尺 居 居 辟 辟 辟 辟
辟 辟 辟 臂 臂 臂

아닐 불 부수: 一

不 不

총 4획 一 ア オ 不

바깥 외 부수: 夕

外 外

총 5획 ノ ク タ 外 外

굽을 곡 부수: 曰

曲 曲

총 6획 丨 冂 曰 由 曲 曲

멋지게 쓰기

無 病 自 灸

멋지게 쓰기

臂 不 外 曲

멋지게 말하기

가만히 있으면 될 것을 무엇 때문에, 남의 일에
나서서 **무병자구**를 하고 그러니?

멋지게 말하기

아버지가 대표이기 때문에 현수의 과장 승진은
비불외곡이라 할 수밖에 없다.

생구불망
生口不網

산 입에 거미줄을 치지는 아니한다는 뜻으로, 아무리
곤궁하여도 그럭저럭 먹고살 수 있음을 이르는 말.

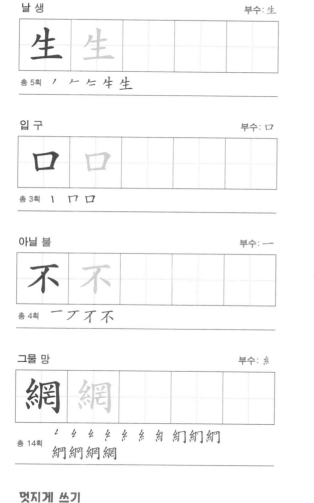

날 생   부수: 生

生　生

총 5획　ノ　ヒ　ヒ　牛　生

입 구   부수: 口

口　口

총 3획　丨　冂　口

아닐 불   부수: 一

不　不

총 4획　一　ア　オ　不

그물 망   부수: 糹

網　網

총 14획　ノ　纟　纟　纟　糸　糸　糹　糿　紉　網
網　網　網　網

멋지게 쓰기

生　口　不　網

생무살인
生巫殺人

선무당이 사람을 잡는다는 뜻으로,
미숙한 사람이 일을 그르침을 이르는 말.

날 생   부수: 生

生　生

총 5획　ノ　ヒ　ヒ　牛　生

무당 무   부수: 工

巫　巫

총 7획　一　丆　朩　朩　丞　巫　巫

죽일 살   부수: 殳

殺　殺

총 11획　ノ　メ　二　弁　弁　杀　杀　杀　杀　殺　殺

사람 인   부수: 人

人　人

총 2획　ノ　人

멋지게 쓰기

生　巫　殺　人

西瓜皮舐

수박 껍질 핥기라는 뜻으로, 사물의 속 내용은 모르고
겉만 건드리는 일을 비유적으로 이르는 말.

서녘 서 　　　　　　　　　　　부수: 西

西　西

총 6획　一 一 一 一 西 西

오이 과 　　　　　　　　　　　부수: 瓜

瓜　瓜

총 5획　一 厂 瓜 瓜 瓜

가죽 피 　　　　　　　　　　　부수: 皮

皮　皮

총 5획　一 厂 广 皮 皮

핥을 지 　　　　　　　　　　　부수: 舌

舐　舐

총 10획　一 二 千 千 舌 舌 舌 舓 舓 舐

멋지게 쓰기

西　瓜　皮　舐

멋지게 말하기

형석아! 너는 잘 모르는 것을 **서과피지**하지 말고
아는 것만 말했으면 좋겠어.

雪上加霜

눈 위에 서리가 덮인다는 뜻으로, 난처한 일이나
불행한 일이 잇따라 일어남을 이르는 말.

눈 설 　　　　　　　　　　　부수: 雨

雪　雪

총 11획　一 一 一 千 千 千 千 千 雪 雪 雪

윗 상 　　　　　　　　　　　부수: 一

上　上

총 3획　丨 卜 上

더할 가 　　　　　　　　　　　부수: 力

加　加

총 5획　フ カ 加 加 加

서리 상 　　　　　　　　　　　부수: 雨

霜　霜

총 17획　一 一 一 千 千 千 千 千 雪 雪 雪
霜 霜 霜 霜 霜

멋지게 쓰기

雪　上　加　霜

멋지게 말하기

접촉 사고가 나서 병원에 입원해 있는데, **설상가상**
코앞에 둔 중요한 시험에도 응시할 수 없게 되어버렸다.

수구여병
守口如瓶

입을 병마개 막듯이 꼭 막는다는 뜻으로,
비밀을 남에게 말하지 말라는 뜻.

지킬 수　　　　　　　　　　부수: 宀

守　守

총 6획　`ハ宀宀守守`

입 구　　　　　　　　　　부수: 口

口　口

총 3획　`丨冂口`

같을 여　　　　　　　　　　부수: 女

如　如

총 6획　`く夕女如如如`

병 병　　　　　　　　　　부수: 瓦

瓶　瓶

총 13획　`一二千千并并并瓶瓶瓶瓶`

멋지게 쓰기

守　口　如　瓶

> **멋지게 말하기**
>
> 화를 피하려면 남에게서 들은 말에 대해
> **수구여병**하는 것이 좋다.

십벌지목
十伐之木

열 번 찍어 베는 나무라는 뜻으로,
열 번 찍어 안 넘어가는 나무가 없음을 이르는 말.

열 십　　　　　　　　　　부수: 十

十　十

총 2획　`一十`

칠 벌　　　　　　　　　　부수: 亻

伐　伐

총 6획　`ノ亻什代伐伐`

갈 지　　　　　　　　　　부수: 丿

之　之

총 4획　`丶冫之`

나무 목　　　　　　　　　　부수: 木

木　木

총 4획　`一十才木`

멋지게 쓰기

十　伐　之　木

> **멋지게 말하기**
>
> **십벌지목**의 마음가짐으로 지난 여러 해 동안 고난에도
> 굴하지 않고 꿈을 향해 나아가 소원을 이룰 수 있게 되었다.

십시일반
十匙一飯

밥 열 숟가락이 한 그릇이 된다는 뜻으로, 여러 사람이 조금씩 힘을 합하면 한 사람을 돕기 쉬움을 이르는 말.

열 십
부수: 十

十 十

총 2획 一 十

숟가락 시
부수: 匕

匙 匙

총 11획 丨 冂 日 旦 早 早 异 是 是 匙

한 일
부수: 一

一 一

총 1획 一

밥 반
부수: 食

飯 飯

총 12획 丿 𠆢 𠆢 𠆢 𠆢 𠆢 食 食 食 飣 飯 飯

멋지게 쓰기

十 匙 一 飯

회사 동료들은 **십시일반**으로 돈을 모아 이 대리의 수술비를 마련해 주었다.

양금신족
量衾伸足

이불의 길이를 헤아려 다리를 뻗는다는 뜻으로, 어떤 일을 할 때 주어진 조건을 고려하면서 해야 함을 이르는 말.

헤아릴 양
부수: 里

量 量

총 12획 丶 冂 冃 日 旦 昙 昴 昌 量 量 量 量

이불 금
부수: 衣

衾 衾

총 10획 丿 𠆢 𠆢 今 今 全 会 余 衾 衾

펼 신
부수: 亻

伸 伸

총 7획 丿 亻 亻 佀 佀 佀 伸

발 족
부수: 足

足 足

총 7획 丨 冂 口 口 甲 昆 足

멋지게 쓰기

量 衾 伸 足

투자를 할 때는 자신의 여유 자금을 고려하면서 **양금신족**하는 신중한 자세가 필요하다.

24

於異阿異

어 다르고 아 다르다는 뜻으로, 같은 내용의 말이라도
말하기에 따라 사뭇 달라짐.

어조사 어   부수: 方

於 於

총 8획 `ゝ ゙ ゙ ゙ 方 方 方 於 於

다를 이   부수: 田

異 異

총 11획 丶 口 日 田 田 田 甲 甲 巺 異 異

언덕 아   부수: 阝

阿 阿

총 8획 ゙ ゙ 阝 阝 阿 阿 阿 阿

다를 이   부수: 田

異 異

총 11획 丶 口 日 田 田 田 甲 甲 巺 異 異

언비천리

言飛千里

말이 천리를 날아간다는 뜻으로,
말이 몹시 빠르고도 멀리 전하여 퍼짐을 이르는 말.

말씀 언   부수: 言

言 言

총 7획 丶 亠 亠 亖 言 言 言

날 비   부수: 飛

飛 飛

총 9획 乁 乁 飞 飞 飞 飛 飛 飛 飛

일천 천   부수: 十

千 千

총 3획 ノ 二 千

마을 리   부수: 里

里 里

총 7획 丶 口 日 日 甲 甲 里

멋지게 쓰기

於 異 阿 異

멋지게 쓰기

言 飛 千 里

멋지게 말하기

어이아이라고, 같은 말이라도 듣는 사람의 기분을
좋게 할 수도 있고 나쁘게 할 수도 있다.

멋지게 말하기

기형이의 대학합격 소식이 멀리까지 알려졌다니
과연 **언비천리**로군.

오비삼척 吾鼻三尺

내 코가 석 자라는 뜻으로, 자기 사정이 급하여
남을 돌볼 겨를이 없음을 이르는 말.

나 오 부수: 口

吾 吾

총 7획 ㄱ ㄱ 五 五 푬 吾 吾

코 비 부수: 鼻

鼻 鼻

총 14획 ㆍ ㄱ ㄇ ㆍ 自 自 自 鳥 鼻 鼻 畠
畠 鼻 鼻

석 삼 부수: 一

三 三

총 3획 ㆍ ㆍ 三

자 척 부수: 尸

尺 尺

총 4획 ㄱ ㄱ 尸 尺

멋지게 쓰기

吾 鼻 三 尺

오비이락 烏飛梨落

까마귀 날자 배 떨어진다는 뜻으로, 아무 관계 없는 일이
공교롭게 다른 일과 일치해 혐의를 받게 되는 상황을 묘사한 말.

까마귀 오 부수: 灬

烏 烏

총 10획 ㆍ ㆍ ㆍ ㆍ 白 烏 烏 烏 烏 烏

날 비 부수: 飛

飛 飛

총 9획 ㆍ ㆍ ㆍ ㆍ 飛 飛 飛 飛 飛

배나무 리 부수: 木

梨 梨

총 11획 ㆍ ㆍ 千 禾 禾 利 利 利 梨 梨 梨

떨어질 락 부수: 艹

落 落

총 12획 ㆍ ㆍ ㆍ ㆍ 落 落 莎 莎 莎 茨 落 落 落

멋지게 쓰기

烏 飛 梨 落

멋지게 말하기

영수가 나에게 돈을 빌려달라고 부탁했지만, 나의
처지가 **오비삼척**인지라 부탁을 거절할 수밖에 없었다.

멋지게 말하기

아무런 관련이 없던 두 사건이 한 번에 발생해
그 사람이 큰 혐의를 받게 된 것은 **오비이락**이었다.

26

牛耳讀經

소 귀에 경 읽기라는 뜻으로, 아무리 가르치고
일러 주어도 알아듣지 못함을 이르는 말.

소 우　　　　　　　　　　　　부수:牛

牛　牛

총 4획　ノ　ｰ　二　牛

귀 이　　　　　　　　　　　　부수:耳

耳　耳

총 6획　一　丆　ㅠ　ㅠ　ㅌ　耳

읽을 독　　　　　　　　　　　부수:言

讀　讀

총 22획　丶　丶　亠　亠　言　言　言　計　計　詰　詰
讀　讀　讀　讀　讀　讀　讀　讀　讀

글 경　　　　　　　　　　　　부수:糸

經　經

총 13획　ㄥ　ㄠ　ㄠ　幺　糸　糸　糺　經　經　經　經　經　經

멋지게 쓰기

牛　耳　讀　經

스스로 공부할 의지가 없는 사람에겐, 아무리 합격하는
노하우를 알려줘도 **우이독경**에 불과할 뿐이다.

泣兒授乳

우는 아이에게 젖을 준다는 뜻으로,
무엇이든 자기가 요구해야 얻을 수 있음.

울 읍　　　　　　　　　　　　부수:氵

泣　泣

총 8획　丶　丶　氵　氵　沪　沪　泣　泣

아이 아　　　　　　　　　　　부수:儿

兒　兒

총 8획　ノ　ノ　白　白　白　臼　臼　兒

줄 수　　　　　　　　　　　　부수:扌

授　授

총 11획　一　扌　扌　扌　扩　抒　护　护　护　授　授

젖 유　　　　　　　　　　　　부수:乚

乳　乳

총 8획　ノ　ィ　ィ　ⴰ　ⴰ　孚　孚　乳

멋지게 쓰기

泣　兒　授　乳

어머니께 잘 말씀드려봐라 **읍아수유**를 해야
너의 소원을 들어주지 않겠니?

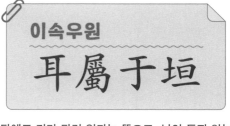

이란투석
以卵投石

달걀로 바위를 친다는 뜻으로, 약한 것으로
강한 것을 당해 내려는 어리석은 짓.

이속우원
耳屬于垣

담에도 귀가 달려 있다는 뜻으로, 남이 듣지 않는
곳에서도 말을 삼가야 함을 이르는 말.

써 이   부수:人

以 以

총 5획 丨 ㄴ 以 以 以

귀 이   부수:耳

耳 耳

총 6획 一 ㄱ 丌 匝 耳 耳

알 란   부수:卩

卵 卵

총 7획 ㇀ 乄 丘 乒 印 卵 卵

무리 속   부수:尸

屬 屬

총 21획 一 ㄱ 尸 尸 尸 戸 戸 戸 屌 屌 屬 屬 屬 屬 屬 屬 屬 屬 屬 屬 屬

던질 투   부수:扌

投 投

총 7획 一 十 扌 扌 挧 投 投

어조사 우   부수:二

于 于

총 3획 一 二 于

돌 석   부수:石

石 石

총 5획 一 ㄱ 丆 石 石

담 원   부수:土

垣 垣

총 9획 一 十 土 圹 圹 垣 垣 垣 垣

멋지게 쓰기

以 卵 投 石

멋지게 쓰기

耳 屬 于 垣

멋지게 말하기

너의 행동은 **이란투석**이라고 비난받을 수 있지만,
용기를 가지고 꿈을 향해 도전해라.

멋지게 말하기

입은 모든 화의 근원이다. 살면서 입 때문에 화를 당하지
않으려면 누구에게나 **이속우원**을 실천해야 한다.

일자천금

一字千金

글자 하나의 값이 천금의 가치가 있다는 뜻으로,
글씨나 문장이 아주 훌륭함을 이르는 말.

한 일   부수:一

一　一

총 1획　一

글자 자   부수:子

字　字

총 6획　丶　丷　宀　宁　字

일천 천   부수:十

千　千

총 3획　丿　二千

쇠 금   부수:金

金　金

총 8획　丿　人　人　仐　仐　今　余　金

멋지게 쓰기

一　字　千　金

> **멋지게 말하기**
>
> 초보 작가는 누구나 **일자천금**의 글과 작품으로
> 평가받는 작가가 되길 소망한다.

임갈굴정

臨渴掘井

목마른 자가 우물 판다는 뜻으로,
준비 없이 일을 당하여 허둥지둥하고 애씀.

임할 임   부수:臣

臨　臨

총 17획　臨臨臨臨臨臨臨臨臨臨臨
臨臨臨臨

목마를 갈   부수:氵

渴　渴

총 12획　丶　丷　氵　氵　沪　沪　沪　渴渴渴渴

팔 굴   부수:扌

掘　掘

총 11획　一　十　扌　护　护　护　护　掘掘掘

우물 정   부수:二

井　井

총 4획　一　二　丰井

멋지게 쓰기

臨　渴　掘　井

> **멋지게 말하기**
>
> 뉴스에서는 임박한 기후 위기에 대한 대응책을 놓고
> 정부가 **임갈굴정**하고 있다고 비판했다.

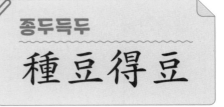

적토성산
積土成山

흙이 쌓여 산이 된다는 말로, 작은 것도
많이 모이면 커진다는 말.

종두득두
種豆得豆

콩을 심으면 반드시 콩이 나온다는 뜻으로,
원인에 따라 결과가 생김을 이르는 말.

쌓을 적			부수: 禾

총 16획　ノ 一 千 禾 禾 禾 禾 秅 秅 積 積 積 積 積 積

씨 종			부수: 禾

총 14획　ノ 一 千 禾 禾 禾 秅 秅 秅 秅 種 種 種 種

흙 토			부수: 土

총 3획　一 十 土

콩 두			부수: 豆

총 7획　一 丆 丆 豆 豆 豆 豆

이룰 성			부수: 戈

총 6획　一 厂 厅 成 成 成

얻을 득			부수: 彳

총 11획　ノ ク 彳 彳 彳 得 得 得 得 得 得

메 산			부수: 山

총 3획　丨 山 山

콩 두			부수: 豆

총 7획　一 丆 丆 豆 豆 豆 豆

멋지게 쓰기

멋지게 쓰기

멋지게 말하기

어떤 어려움이 있더라도 포기하지 않고 노력하면,
적토성산처럼 큰 성과를 얻을 수 있습니다.

멋지게 말하기

선한 일을 하면 결국 그 선행이 돌아와서 복을 받게
되는 것, 바로 **종두득두**의 법칙이다.

坐井觀天

우물 속에 앉아 하늘을 쳐다본다는 뜻으로,
견문이 매우 좁음을 말함.

앉을 좌   부수:土

坐　坐

총 7획　ノ 人 少 丛 坐 坐 坐

우물 정   부수:二

井　井

총 4획　一 二 丰 井

볼 관   부수:見

觀　觀

총 25획　一 七 共 芖 芖 芖 苗 苗 苗 苗 萨 萨 萨 萨 萨 萨 萨 萨 勸 觀 觀 觀 觀 觀 觀

하늘 천   부수:大

天　天

총 4획　一 二 チ 天

멋지게 쓰기

坐　井　觀　天

기술의 발전으로 세상이 변화하고 있지만, 그 속에서 우리가
좌정관천의 태도를 취하지 않도록 항상 주의해야 한다.

走馬加鞭

달리는 말에 채찍질한다는 뜻으로,
잘하는 사람을 더욱 장려함을 이르는 말.

달릴 주   부수:走

走　走

총 7획　一 十 土 キ キ 走 走

말 마   부수:馬

馬　馬

총 10획　一 厂 FF F 馬 馬 馬 馬 馬

더할 가   부수:力

加　加

총 5획　フ カ カ 加 加

채찍 편   부수:革

鞭　鞭

총 18획　一 十 廿 廿 莁 苫 莒 莒 革 革 剀 靬 靬 靬 鞀 鞭 鞭 鞭

멋지게 쓰기

走　馬　加　鞭

이 프로젝트가 마감까지 시간이 얼마 남지 않았으니,
주마가편하여 진행해야겠습니다.

주마간산
走馬看山

말을 타고 달리며 산천을 구경한다는 뜻으로, 자세히
살피지 아니하고 대충대충 보고 지나감 을 이르는 말.

달릴 주 부수:走

走 走

총 7획 一 十 土 キ キ 走 走

말 마 부수:馬

馬 馬

총 10획 一 厂 厂 厂 FF 馬 馬 馬 馬 馬

볼 간 부수:目

看 看

총 9획 一 二 三 手 手 看 看 看 看

메 산 부수:山

山 山

총 3획 丨 山 山

멋지게 쓰기

走 馬 看 山

멋지게 말하기

연구 보고서를 **주마간산**식으로 검토하다가 실수를
찾지 못해 결국 큰 손실을 입었다.

지부작족
知斧斫足

믿는 도끼에 발등 찍힌다는 뜻으로,
믿는 사람에게서 배신당함을 비유해 이르는 말.

알 지 부수:矢

知 知

총 8획 丿 匕 仁 午 矢 知 知 知

도끼 부 부수:斤

斧 斧

총8획 丿 八 父 父 父 斧 斧 斧

벨 작 부수:斤

斫 斫

총 9획 一 丁 丆 石 石 斫 斫 斫 斫

발 족 부수:足

足 足

총 7획 丶 口 口 口 早 足 足

멋지게 쓰기

知 斧 斫 足

멋지게 말하기

지부작족이라고, 함께하는 사람들을 너무 신뢰하여,
자신의 약점을 함부로 드러내는 것은 매우 위험하다.

塵積爲山

티끌이 모여 태산이 된다는 뜻으로,
작은 것도 모이면 큰 것이 됨을 비유해 이르는 말.

티끌 진　　　　　부수:土

塵　塵

총 14획　一 广 广 广 庐 庐 庐 庐 庐 庐 鹿
　　　　塵 塵 塵

쌓을 적　　　　　부수:禾

積　積

총 16획　一 一 千 禾 禾 禾 禾 秆 秸 秸
　　　　積 積 積 積 積 積

할 위　　　　　부수:灬

爲　爲

총 12획　一 一 一 爫 爫 户 户 爲 爲 爲 爲 爲

메 산　　　　　부수:山

山　山

총 3획　丨 山 山

멋지게 쓰기

멋지게 말하기

슬비는 작은 돈도 소중하게 여기고 차곡차곡 모으다
보니 **진적위산**이 되어 집을 장만할 수 있었다.

借廳借閨

마루를 빌리다가 방으로 들어온다는 뜻으로,
남에게 의지하다가 차차 그 권리를 침범한다는 말.

빌릴 차　　　　　부수:亻

借　借

총 10획　丿 亻 亻 卅 供 供 供 借 借 借

마루 청　　　　　부수:广

廳　廳

총 25획　一 广 广 广 广 厅 厅 厅 庐 庐 庐 庐
　　　　庐 庐 庐 庐 庐 庐 庐 廐 廐 廳 廳 廳 廳

빌릴 차　　　　　부수:亻

借　借

총 10획　丿 亻 亻 卅 供 供 供 借 借 借

안방 규　　　　　부수:門

閨　閨

총 14획　丨 冂 冂 冂 冃 閂 門 門 門 門
　　　　閆 閏 閏 閨

멋지게 쓰기

멋지게 말하기

차청차규라고, 지금 선심을 베푸는 것이, 어느 순간 당연한
권리가 되고, 상대방은 더욱더 큰 요구를 해오게 될 것이다.

촌계관청
村鷄官廳

촌닭을 관청에 잡아둔 것 같다는 속담으로,
경험이 없어서 어리둥절하는 사람을 두고 이르는 말.

마을 촌   부수: 木

村 村

총 7획   一 十 才 木 木 村 村

닭 계   부수: 鳥

鷄 鷄

총 21획   ´ ´ ´ ´ ´ ´ ´ ´ ´ ´ ´ ´
鷄 鷄 鷄 鷄 鷄 鷄 鷄 鷄

벼슬 관   부수: 宀

官 官

총 8획   ´ ´ 宀 宀 宁 官 官 官

관청 청   부수: 广

廳 廳

총 25획   ´ 亠 广 广 广 斤 斤 斤 斤 斤 斤 斤
斤 斤 斤 斤 斤 斤 斤 斤 斤 廳 廳 廳

멋지게 쓰기

村 鷄 官 廳

멋지게 말하기

이제 막 입사해서 일을 배우는 신입사원들은
책임자들의 눈에 **촌계관청**으로 보인다.

포호함포
咆虎陷浦

으르렁대기만 하는 범이 개울에 빠진다는 뜻으로,
큰소리만 치고 일은 이루지 못함을 이르는 말.

고함지를 포   부수: 口

咆 咆

총 8획   丶 冂 口 口 叴 叴 叴 咆

범 호   부수: 虍

虎 虎

총 8획   丨 卜 卢 广 卢 虎 虎 虎

빠질 함   부수: 阝

陷 陷

총 11획   ´ ´ 阝 阝 阽 阽 陷 陷 陷 陷 陷

개 포   부수: 氵

浦 浦

총 10획   丶 丶 氵 汀 汀 沪 浦 浦 浦 浦

멋지게 쓰기

咆 虎 陷 浦

멋지게 말하기

실속 없이 목소리만 내는 사람들은
결국 **포호함포**에 지나지 않는다.

34

풍전등화

風前燈火

바람 앞의 등불이라는 뜻으로, 사물이 매우 위태로운 처지에 놓여 있음을 비유적으로 이르는 말.

바람 풍   부수: 風

風	風				

총 9획 　丿 几 凡 凡 同 同 風 風 風

앞 전   부수: 刂

前	前				

총 9획 　丶 丷 屶 广 芿 肯 肖 前 前

등 등   부수: 火

燈	燈				

총 16획 　丶 丷 丷 火 灯 灯 灯 炒 炒 燃 燃 燈 燈 燈 燈 燈

불 화   부수: 火

火	火				

총 4획 　丶 丷 少 火

피장봉호

避獐逢虎

노루를 피하려다가 범을 만난다는 속담으로, 작은 해를 피하려다가 도리어 큰 화를 당함을 이르는 말.

피할 피   부수: 辶

避	避				

총 17획 　丶 ㄱ 尸 尸 尺 居 居 辟 辟 辟 辟 辟 辟 避 避 避 避

노루 장   부수: 犭

獐	獐				

총 14획 　丿 犭 犭 犭 犷 狞 狞 狞 狞 猗 猗 獐 獐 獐

만날 봉   부수: 辶

逢	逢				

총 11획 　丿 夂 夂 冬 冬 夆 夆 逢 逢 逢 逢

범 호   부수: 虍

虎	虎				

총 8획 　丨 ㅏ ㅕ 广 庐 虎 虎 虎

멋지게 쓰기

風	前	燈	火

멋지게 쓰기

避	獐	逢	虎

멋지게 말하기

그의 회사는 **풍전등화**처럼 위기에 처해 있어 사업을 계속할 수 있을지 의문이다.

멋지게 말하기

자신의 잘못을 감추기 위해 계속 거짓말을 하면, 결국 **피장봉호**의 결과를 맞이하고 말 것이다.

하석상대
下石上臺

아랫돌 빼서 윗돌 괴고, 윗돌 빼서 아랫돌 괴기라는
뜻으로, 임기응변으로 어려운 일을 처리함을 말함.

아래 하　　　　　　　　　　　　　부수: 一

총 3획　一丁下

돌 석　　　　　　　　　　　　　부수: 石

총 5획　一ア丆石石

윗 상　　　　　　　　　　　　　부수: 一

총 3획　丨卜上

대 대　　　　　　　　　　　　　부수: 至

총 14획　一十士吉吉吉高高臺臺
臺臺臺

호가호위
狐假虎威

여우가 호랑이의 위세를 빌려 호기를 부린다는
뜻으로, 남의 세력을 빌어 위세를 부림.

여우 호　　　　　　　　　　　　부수: 犭

총 8획　ノ丿犭犭狐狐狐狐

거짓 가　　　　　　　　　　　　부수: 亻

총 11획　ノ亻亻亻仁伊伊假假假

범 호　　　　　　　　　　　　　부수: 虍

총 8획　丨卜卢卢虍虎虎虎

위엄 위　　　　　　　　　　　　부수: 女

총 9획　一厂厂反反反威威威

멋지게 쓰기

멋지게 쓰기

호사유피
虎死留皮

범이 죽으면 가죽을 남긴다는 뜻으로,
사람도 죽은 뒤에 이름을 남겨야 한다는 말.

범 호 · 부수: 虍

虎 虎

총 8획 ' ⺊ ⺊ 广 广 卢 虎 虎

죽을 사 · 부수: 歹

死 死

총 6획 一 ㄒ 歹 ⺈ 歹 死

머무를 류(유) · · · · · · · · · · · · · · · · · · · 부수: 田

留 留

총 10획 ' ⺋ ⺋ 卯 卯 卯 留 留 留

가죽 피 · 부수: 皮

皮 皮

총 5획 ㄱ 厂 广 皮 皮

멋지게 쓰기

虎 死 留 皮

멋지게 말하기

대통령은 공직에서 물러난 후에도 **호사유피**의
원칙을 지키며 민주주의 발전에 기여했습니다.

호전걸육
虎前乞肉

범에게 고기 달라고 빈다는 속담으로,
어림도 없는 일을 하려고 함을 이르는 말.

범 호 · 부수: 虍

虎 虎

총 8획 ' ⺊ ⺊ 广 广 卢 虎 虎

앞 전 · 부수: 刂

前 前

총 9획 ' ⺊ ⺍ 广 쓰 前 前 前 前

빌 걸 · 부수: 乙

乞 乞

총 3획 ノ ⺅ 乞

고기 육 · 부수: 肉

肉 肉

총 6획 丨 冂 内 内 肉 肉

멋지게 쓰기

虎 前 乞 肉

멋지게 말하기

업계 내 유력한 경쟁자에게 노하우를 알려달라고
간청하는 것은 **호전걸육**과도 같다.

畫中之餠

그림 속의 떡이란 뜻으로, 바랄 순 있지만,
현실에서 이루기 어려운 이상을 말함.

그림 화　　　　　　　　부수: 田

畫	畫			

총 12획　フ ㄱ ㅋ ㅋ 垂 聿 聿 書 書 畫 畫 畫

가운데 중　　　　　　　　부수: ㅣ

中	中			

총 4획　丨 口 口 中

갈 지　　　　　　　　부수: 丿

之	之			

총 4획　丶 亠 之

떡 병　　　　　　　　부수: 飠

餠	餠			

총 17획　丿 亻 亽 今 今 今 飠 飠 飠 飠' 飣 飣 飦 餠 餠 餠

멋지게 쓰기

畫	中	之	餠

멋지게 말하기

동화 속의 왕자님과 공주님처럼 완벽한 사랑은
화중지병과 같아, 현실에서는 찾기 어렵다.

흑묘백묘

黑描白描

검은 고양이든 흰 고양이든 쥐만 잘 잡으면 된다는 뜻.

검을 흑　　　　　　　　부수: 黑

黑	黑			

총 12획　丶 冂 冂 冃 回 田 甲 甲 里 里 黑 黑 黑

고양이 묘　　　　　　　　부수: 犭

描	描			

총 11획　丿 丬 犭 犭 犭 犳 犳 犻 猫 猫 猫 猫

흰 백　　　　　　　　부수: 白

白	白			

총 5획　丿 亻 白 白 白

고양이 묘　　　　　　　　부수: 犭

描	描			

총 11획　丿 丬 犭 犭 犭 犳 犳 犻 猫 猫 猫 猫

멋지게 쓰기

黑	描	白	威

멋지게 말하기

세상이 돌아가는 원리는 **흑묘백묘**에 가깝다.
무엇보다 실적과 결과에 초점을 두기 때문이다.

걸인연천 : 거지가 하늘을 불쌍히 여긴다는
뜻으로, 불행한 처지에 놓여 있는 사람이
부질없이 행복한 사람을 동정함을 이르는 말.

계란유골 : 달걀에도 뼈가 있다는 뜻으로,
운수가 나쁜 사람은 모처럼 좋은 기회를 만나도
역시 일이 잘 안됨을 이르는 말.

격화소양 : 신을 신고 발바닥을 긁는다는
뜻으로, 일이 성에 차지 않는 안타까움을
이르는 말.

고망착호 : 썩은 새끼로 범을 잡는다는
뜻으로, 서툰 솜씨로 큰일을 하려는 어리석음을
이르는 말.

견금여석 : 황금 보기를 돌같이 한다는
뜻으로, 재물을 멀리하고 의리를 앞세운다는
의미.

고장난명 : 외손뼉만으로는 소리가 울리지
아니한다는 뜻으로, 혼자의 힘만으로 어떤 일을
이루기 어려움을 이르는 말.

경투하사 : 고래 싸움에 새우가 죽는다는
속담으로 강자끼리 싸우는 틈에 끼여 약자가
아무런 상관없이 화를 입는다는 말.

고진감래 : 쓴 것이 다하면 단 것이 온다는
뜻으로, 고생 끝에 즐거움이 옴을 이르는 말.

과유불급 : 정도를 지나침은 미치지 못함과 같다는 뜻으로, 중용(中庸)이 중요함을 이르는 말.

교각살우 : 소의 뿔을 바로잡으려다 소를 죽인다는 뜻으로, 결점이나 흠을 고치려다 정도가 지나쳐 도리어 일을 그르침.

담호호지 : 호랑이를 말하면 호랑이가 온다는 뜻으로, 남에 관해 함부로 말하지 말라는 뜻.

당구풍월 : 서당 개 3년이면 풍월을 읊는다는 뜻으로, 무슨 일 하는 것을 오래 보고 듣고 있으면 자연히 할 줄 알게 된다는 뜻.

동가홍상 : 같은 값이면 다홍치마라는 뜻으로, 같은 값이면 좋은 물건을 가짐을 이르는 말.

동족방뇨 : 언 발에 오줌 누기라는 뜻으로, 잠시 동안만 효력이 있을 뿐 효력이 바로 사라짐을 비유적으로 이르는 말.

등고자비 : 높은 곳에 오르려면 낮은 곳에서부터 오른다는 뜻으로, 일을 순서대로 하여야 함을 이르는 말.

등하불명 : 등잔 밑이 어둡다는 뜻으로, 가까이에 있는 물건이나 사람을 잘 찾지 못함을 이르는 말.

마부위침 : 도끼를 갈아서 바늘을 만든다는 뜻으로, 아무리 어려운 일도 끊임없이 노력하면 반드시 이룰 수 있다는 뜻.

망우보뢰 : 소 잃고 외양간 고친다는 뜻으로, 일이 이미 잘못된 뒤에는 손을 써도 소용이 없음을 이르는 말.

목불식정 : 아주 간단한 글자인 '丁' 자를 보고도 그것이 '고무래'인 줄을 알지 못한다는 뜻으로, 아주 까막눈임을 이르는 말.

묘두현령 : 고양이 목에 방울 달기라는 뜻으로, 불가능한 일을 의논하는 상황을 비유하는 말.

무병자구 : 병이 없는데 스스로 뜸을 뜬다는 뜻으로, 쓸데없이 불필요한 노력을 하는 상황을 비유하는 말.

비불외곡 : 팔은 안으로 굽지 밖으로 굽지 않음을 이르는 말.

생구불망 : 산 입에 거미줄을 치지는 아니한다는 뜻으로, 아무리 곤궁하여도 그럭저럭 먹고살 수 있음을 이르는 말.

생무살인 : 선무당이 사람을 잡는다는 뜻으로, 미숙한 사람이 일을 그르침을 이르는 말.

서과피지 : 수박 껍질 핥기라는 뜻으로, 사물의 속 내용은 모르고 겉만 건드리는 일을 비유적으로 이르는 말.

십시일반 : 밥 열 숟가락이 한 그릇이 된다는 뜻으로, 여러 사람이 조금씩 힘을 합하면 한 사람을 돕기 쉬움을 이르는 말.

설상가상 : 눈 위에 서리가 덮인다는 뜻으로, 난처한 일이나 불행한 일이 잇따라 일어남을 이르는 말.

양금신족 : 이불의 길이를 헤아려 다리를 뻗는다는 뜻으로, 어떤 일을 할 때 주어진 조건을 고려하면서 해야 함을 이르는 말.

수구여병 : 입을 병마개 막듯이 꼭 막는다는 뜻으로, 비밀을 남에게 말하지 말라는 뜻.

어이아이 : 어 다르고 아 다르다는 뜻으로, 같은 내용의 말이라도 말하기에 따라 사뭇 달라짐.

십벌지목 : 열 번 찍어 베는 나무라는 뜻으로, 열 번 찍어 안 넘어가는 나무가 없음을 이르는 말.

언비천리 : 말이 천리를 날아간다는 뜻으로, 말이 몹시 빠르고도 멀리 전하여 퍼짐을 이르는 말.

오비삼척 : 내 코가 석 자라는 뜻으로, 자기 사정이 급하여 남을 돌볼 겨를이 없음을 이르는 말.

오비이락 : 까마귀 날자 배 떨어진다는 뜻으로, 아무 관계 없는 일이 공교롭게 다른 일과 일치해 혐의를 받게 되는 상황을 묘사한 말.

우이독경 : 소 귀에 경 읽기라는 뜻으로, 아무리 가르치고 일러 주어도 알아듣지 못함을 이르는 말.

읍아수유 : 우는 아이에게 젖을 준다는 뜻으로, 무엇이든 자기가 요구해야 얻을 수 있음.

이란투석 : 달걀로 바위를 친다는 뜻으로, 약한 것으로 강한 것을 당해 내려는 어리석은 짓.

이속우원 : 담에도 귀가 달려 있다는 뜻으로, 남이 듣지 않는 곳에서도 말을 삼가야 함을 이르는 말.

일자천금 : 글자 하나의 값이 천금의 가치가 있다는 뜻으로, 글씨나 문장이 아주 훌륭함을 이르는 말.

임갈굴정 : 목마른 자가 우물 판다는 뜻으로, 준비 없이 일을 당하여 허둥지둥하고 애씀.

적토성산 : 흙이 쌓여 산이 된다는 말로, 작은 것도 많이 모이면 커진다는 말.

종두득두 : 콩을 심으면 반드시 콩이 나온다는 뜻으로, 원인에 따라 결과가 생김을 이르는 말.

좌정관천 : 우물 속에 앉아 하늘을 쳐다본다는 뜻으로, 견문이 매우 좁음을 말함.

주마가편 : 달리는 말에 채찍질한다는 뜻으로, 잘하는 사람을 더욱 장려함을 이르는 말.

주마간산 : 말을 타고 달리며 산천을 구경한다는 뜻으로, 자세히 살피지 아니하고 대충대충 보고 지나감 을 이르는 말.

지부작족 : 믿는 도끼에 발등 찍힌다는 뜻으로, 믿는 사람에게서 배신당함을 비유해 이르는 말.

진적위산 : 티끌이 모여 태산이 된다는 뜻으로, 작은 것도 모이면 큰 것이 됨을 비유해 이르는 말.

차청차규 : 마루를 빌리다가 방으로 들어온다는 뜻으로, 남에게 의지하다가 차차 그 권리를 침범한다는 말.

촌계관청 : 촌닭을 관청에 잡아둔 것 같다는
속담으로, 경험이 없어서 어리둥절하는 사람을
두고 이르는 말.

포호함포 : 으르렁대기만 하는 범이 개울에
빠진다는 뜻으로, 큰소리만 치고 일은 이루지
못함을 이르는 말.

풍전등화 : 바람 앞의 등불이라는 뜻으로,
사물이 매우 위태로운 처지에 놓여 있음을
비유적으로 이르는 말.

피장봉호 : 노루를 피하려다가 범을 만난다는
속담으로, 작은 해를 피하려다가 도리어 큰
화를 당함을 이르는 말.

하석상대 : 아랫돌 빼서 윗돌 괴고, 윗돌 빼서
아랫돌 괴기라는 뜻으로, 임기응변으로 어려운
일을 처리함을 말함.

호가호위 : 여우가 호랑이의 위세를 빌려
호기를 부린다는 뜻으로, 남의 세력을 빌어
위세를 부림.

호사유피 : 범이 죽으면 가죽을 남긴다는
뜻으로, 사람도 죽은 뒤에 이름을 남겨야
한다는 말.

호전걸육 : 범에게 고기 달라고 빈다는
속담으로, 어림도 없는 일을 하려고 함을
이르는 말.

화중지병 : 그림 속의 떡이란 뜻으로, 바랄 순 있지만, 현실에서 이루기 어려운 이상을 말함.

흑묘백묘 : 검은 고양이든 흰 고양이든 쥐만 잘 잡으면 된다는 뜻.

노력

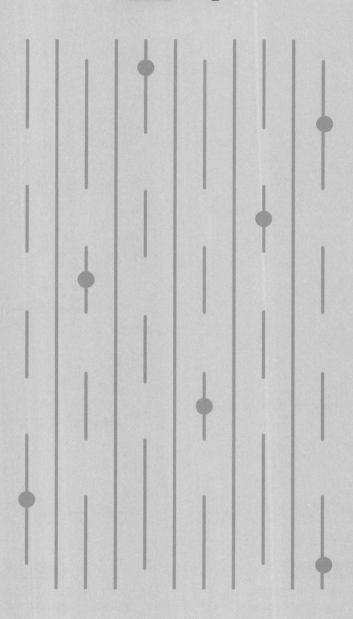

각고면려

刻苦勉勵

어떤 일에 고생을 무릅쓰고 몸과 마음을 다하여,
무척 애를 쓰면서 부지런히 노력함.

새길 각 부수: 刂

刻 刻

총 8획 ` 一 ナ 亥 亥 亥 刻

쓸 고 부수: 艹

苦 苦

총 9획 一 十 艹 艹 艹 芒 芢 苦 苦

힘쓸 면 부수: 力

勉 勉

총 9획 ノ ク 夕 夕 各 免 免 免 勉

힘쓸 려(여) 부수: 力

勵 勵

총 16획 一 厂 厃 厃 厔 厔 厔 厔 厲 厲 厲
厲 厲 厲 勵 勵

멋지게 쓰기

刻 苦 勉 勵

각곡유목

刻鵠類鶩

고니를 조각하다가 집오리와 비슷하게는 된다는
뜻으로, 노력하다 보면 어떤 성과를 이루게 된다는 말.

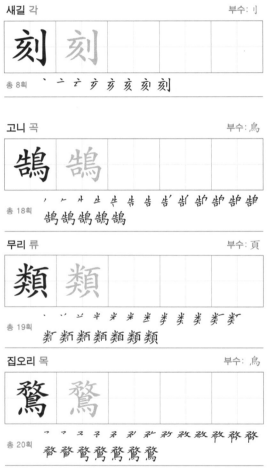

새길 각 부수: 刂

刻 刻

총 8획 ` 一 ナ 亥 亥 亥 刻

고니 곡 부수: 鳥

鵠 鵠

총 18획 ノ ト 牛 牛 告 告 告 鵠 鵠 鵠 鵠
鵠 鵠 鵠 鵠 鵠

무리 류 부수: 頁

類 類

총 19획 ヽ ソ 半 米 米 米 迷 迷 迷
類 類 類 類 類 類 類

집오리 목 부수: 鳥

鶩 鶩

총 20획 ニ マ 豕 豕 務 務 務 務 務 務 務 鶩
鶩 鶩 鶩 鶩 鶩 鶩 鶩

멋지게 쓰기

刻 鵠 類 鶩

계고지력
稽古之力

옛일을 자세히 살피어 공부하는 노력이라는 뜻으로, 학문이 넓고 지식이 많음을 이르는 말.

상고할 계 부수: 禾

稽 稽

총 15획 丿 二 千 禾 禾 禾' 秒 秒 秒 秒 秒 稽 稽 稽 稽

옛 고 부수: 口

古 古

총 5획 一 十 十 古 古

갈 지 부수: 丿

之 之

총 4획 丶 亠 ㇇ 之

힘 력 부수: 力

力 力

총 2획 ㇆ 力

멋지게 쓰기

稽 古 之 力

멋지게 말하기

성빈이는 어려서부터 책을 많이 읽고 노력하여 **계고지력**이 매우 뛰어났다.

금석위개
金石爲開

쇠와 돌을 열리게 한다는 뜻으로, 강한 의지로 전력을 다하면 어떤 일에도 성공할 수 있다는 말.

쇠 금 부수: 金

金 金

총 8획 丿 人 亼 亼 今 全 金 金

돌 석 부수: 石

石 石

총 5획 一 ㄏ 不 石 石

할 위 부수: 爫

爲 爲

총 12획 ´ ⺈ ⺈ 爫 ⺈ ⺈ ⺈ 爲 爲 爲 爲 爲

열 개 부수: 門

開 開

총 12획 丨 ㄗ 戶 門 門 門 門 門 門 開 開 開

멋지게 쓰기

金 石 爲 開

멋지게 말하기

금석위개를 실천할 마음의 준비가 돼 있다면 이번 시험도 분명히 통과해 너의 꿈을 이룰 수 있을 거야.

노마십가
駑馬十駕

둔한 말도 열흘 동안 수레를 끌 수 있다는 뜻으로, 재주
없는 사람도 노력하면 훌륭한 사람이 될 수 있다는 말.

누진취영
鏤塵吹影

먼지에 새기고 그림자를 입으로 분다는 뜻으로,
쓸데없는 헛된 노력을 이르는 말.

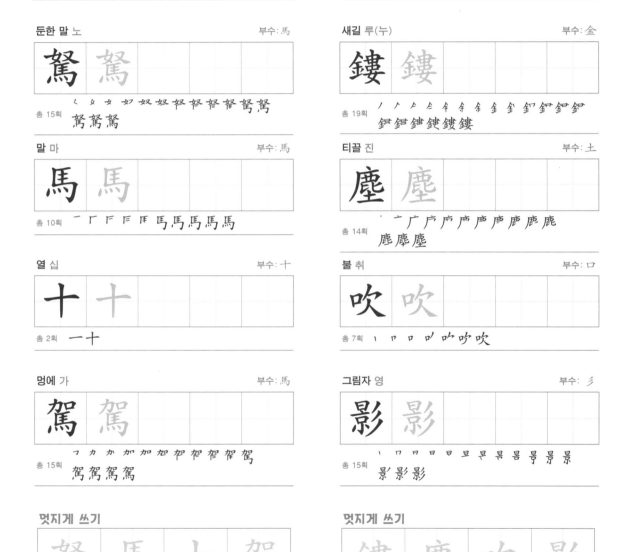

둔한 말 노	부수: 馬
駑 駑	

총 15획 　ㄑ ㄅ 夊 奴 奴 弩 弩 督 督 駑 駑
駑 駑 駑

말 마	부수: 馬
馬 馬	

총 10획 　一 厂 厂 厂 厈 馬 馬 馬 馬 馬

열 십	부수: 十
十 十	

총 2획 　一 十

멍에 가	부수: 馬
駕 駕	

총 15획 　フ カ カ 加 加 架 架 架 架 駕
駕 駕 駕 駕

새길 루(누)	부수: 金
鏤 鏤	

총 19획 　ノ ㄅ ㅏ ㅌ 牟 牟 牟 金 金 釗 釗 釗
釗 釗 鏤 鏤 鏤 鏤

티끌 진	부수: 土
塵 塵	

총 14획 　一 广 广 庐 庐 庐 庐 庐 鹿 鹿
塵 塵 塵

불 취	부수: 口
吹 吹	

총 7획 　丶 ㅁ ㅁ 吹 吹 吹 吹

그림자 영	부수: 彡
影 影	

총 15획 　丶 ㅁ ㅁ 日 日 旦 旦 景 景 景 景
景 影 影

멋지게 쓰기

駑	馬	十	駕

멋지게 쓰기

鏤	塵	吹	影

멋지게 말하기

학창시절 성적이 우수하지 못했던 사람이, 고시에 합격하는
것을 보면 **노마십가**라는 말은 틀리지 않은 것 같다.

멋지게 말하기

중요한 것은 노력의 양이 아니다. 잘못된 목표를
세우고 정진하는 것은 **누진취영**과 같다.

득능막망
得能莫忘

사람으로서 알아야 할 것을 배운 후에는 잊지 않도록
노력하여야 함.

얻을 득   부수: 彳

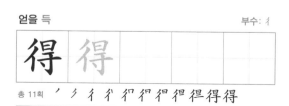

총 11획 ＇ ＇ ＇ 彳 彳 彳 得 得 得 得 得

능할 능   부수: 月

총 10획 ＜ ＜ ＜ 育 育 育 育 能 能 能

없을 막   부수: 艹

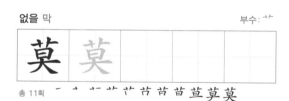

총 11획 一 艹 艹 艹 莒 莒 莒 莒 莫 莫

잊을 망   부수: 心

총 7획 ＇ 亠 亡 亡 忘 忘 忘

면벽구년
面壁九年

벽을 향하고 아홉 해라는 뜻으로, 한 가지 일에
오랫동안 온 힘을 쏟음을 비유한 말.

낯 면   부수: 面

총 9획 一 厂 厂 币 币 而 而 面 面

벽 벽   부수: 土

총 16획 ＇ ＇ 尸 尸 居 居 居 辟 辟 辟 辟
辟 辟 辟 壁 壁

아홉 구   부수: 乙

총 2획 ノ 九

해 년   부수: 干

총 6획 ＇ ＜ ＜ ＜ 与 年

멋지게 쓰기

멋지게 쓰기

멋지게 말하기

새로운 것을 배우고 견문을 넓혀가는 것도
중요하지만, **득능막망**하는 것도 중요하다.

멋지게 말하기

전문 지식은 **면벽구년**의 자세로 노력하여 습득하되,
지속적으로 업그레이드해야 한다.

발분망식
發憤忘食

일을 이루려고 끼니조차 잊고 분발하여 노력함.

필 발 부수: 癶

發 發

총 12획 フ ⅀ ⅀' ⅀" 癶 癶' 癶" 癶 發 發 發 發

분할 분 부수: 忄

憤 憤

총 15획 ' ' ' 忄 忄 忄 忄 忄 忄 忄 愔 愔
愔 愔 憤

잊을 망 부수: 心

忘 忘

총 7획 ' 亠 亡 亡 忘 忘 忘

밥 식 부수: 食

食 食

총 9획 ノ 人 人 今 今 今 食 食 食

멋지게 쓰기

發 憤 忘 食

영식이는 **발분망식**하며 작업한 결과, 최고의 작품을
완성할 수 있었다.

분골쇄신
粉骨碎身

뼈가 가루가 되고 몸이 부서진다는 뜻으로, 있는 힘을
다해 노력함. 또는 남을 위하여 수고를 아끼지 않음.

가루 분 부수: 米

粉 粉

총 10획 ' ' ' 半 半 米 米 米' 粉 粉

뼈 골 부수: 骨

骨 骨

총 10획 ' 冂 冂 冖 冎 冎 咼 骨 骨 骨

부술 쇄 부수: 石

碎 碎

총 13획 一 厂 丆 石 石 石' 矿 矿 矿 碎 碎 碎 碎

몸 신 부수: 身

身 身

총 7획 ' 冂 冂 丹 刖 身 身

멋지게 쓰기

粉 骨 碎 身

맡겨만 주시면, **분골쇄신**으로 최선을 다해 일을
처리하겠습니다.

불철주야
不撤晝夜

밤낮을 가리지 않는다는 뜻으로,
조금도 쉴 사이 없이 일에 힘쓰고 노력함.

아닐 불   부수: 一

不 不

총 4획   一 ブ ホ 不

거둘 철   부수: 扌

撤 撤

총 15획   一 十 扌 扌 扩 扩 护 捛 捛 捛 捛 撤 撤

낮 주   부수: 日

晝 晝

총 11획   フ ㄱ ㅋ 彐 聿 書 書 書 書 書 晝

밤 야   부수: 夕

夜 夜

총 8획   丶 一 广 广 疒 夜 夜 夜

멋지게 쓰기

不 撤 晝 夜

멋지게 말하기

재능이 부족한 사람이라도 **불철주야** 노력하다 보면,
반드시 일정한 성과를 거둘 수 있게 된다.

사석위호
射石爲虎

돌을 범인 줄 알고 쏘았더니 돌에 화살이 꽂혔다는
뜻으로, 성심을 다하면 아니 될 일도 이룰 수 있음.

쏠 사   부수: 寸

射 射

총 10획   丿 丨 冂 冃 自 身 身 身 射 射

돌 석   부수: 石

石 石

총 5획   一 ブ 厂 石 石

할 위   부수: 灬

爲 爲

총 12획   丶 丶 丶 爫 爫 厂 戶 戶 爲 爲 爲 爲

범 호   부수: 虍

虎 虎

총 8획   丨 卜 卢 卢 戶 虍 虎 虎

멋지게 쓰기

射 石 爲 虎

멋지게 말하기

변호사는 **사석위호**의 마음으로 변론을 이어 나갔고,
결국 우리에게 승리를 가져다주었다.

산류천석
山溜穿石

물방울이 끊임없이 떨어지면 결국 돌에 구멍을 뚫듯이,
노력이 계속 되면 큰 일을 이룰 수 있음.

메 산   부수 : 山

山	山			

총 3획　丨 山 山

낙숫물 류(유)   부수 : 氵

溜	溜			

총 13획　丶 冫 氵 氵 氵 沪 洌 洌 溜 溜 溜 溜

뚫을 천   부수 : 穴

穿	穿			

총 9획　丶 丷 宀 宀 空 空 空 穿 穿

돌 석   부수 : 石

石	石			

총 5획　一 丆 不 石 石

멋지게 쓰기

山	溜	穿	石

여조삭비
如鳥數飛

새가 하늘을 날기 위해 자주 날갯짓하는 것과 같다는
뜻으로, 배우기를 쉬지 않고 끊임없이 연습하고 익힘.

같을 여   부수 : 女

如	如			

총 6획　乚 女 女 如 如 如

새 조   부수 : 鳥

鳥	鳥			

총 11획　丿 亻 宀 宀 臼 自 鳥 鳥 鳥 鳥 鳥

자주 삭, 셈 수   부수 : 攵

數	數			

총 15획　丶 口 므 므 므 吕 串 婁 婁 婁 數
　　　數 數 數

날 비   부수 : 飛

飛	飛			

총 9획　乀 飞 飞 飞 飛 飛 飛 飛 飛

멋지게 쓰기

如	鳥	數	飛

우공이산
愚公移山

우공이 산을 옮긴다는 뜻으로, 어떤 일이든 끊임없이 노력하면 반드시 이루어짐을 이르는 말.

어리석을 우   부수:心

愚　愚

총 13획　丶 冂 曱 日 旦 吊 禺 禺 禺 禺 愚 愚 愚

공평할 공   부수:八

公　公

총 4획　ノ 八 公 公

옮길 이   부수:禾

移　移

총 11획　一 二 千 禾 禾 利 秒 秒 移 移 移

메 산   부수:山

山　山

총 3획　丨 山 山

유지경성
有志竟成

뜻이 있어 마침내 이룬다는 뜻으로, 이루고자 하는 뜻이 있는 사람은 반드시 성공한다는 것을 비유하는 말.

있을 유   부수:月

有　有

총 6획　一 ナ ナ 冇 有 有

뜻 지   부수:心

志　志

총 7획　一 十 士 志 志 志 志

마침내 경   부수:立

竟　竟

총 11획　丶 二 二 立 立 产 音 音 音 亨 竟

이룰 성   부수:戈

成　成

총 6획　一 厂 万 成 成 成

멋지게 쓰기

愚 公 移 山

멋지게 쓰기

有 志 竟 成

멋지게 말하기

독해 능력은 한순간의 독서로 향상될 수 없다. **우공이산**의 노력으로 글을 자주 접해야 효과를 볼 수 있다.

멋지게 말하기

연예계에서 오랫동안 인기를 유지한 유재석은 **유지경성**이라는 말이 어울리는 인물이다.

자강불식
自强不息

스스로 강해지려 하며 쉬지 않는다는 뜻으로, 스스로
힘써 행하여 쉬지 않고 노력한다는 의미.

스스로 자   부수: 自

自 自

총 6획 ′ ′ ′ ′ ′ ′ 自 自 自

강할 강   부수: 弓

强 强

총 11획 ′ ′ ′ ′ ′ 弓 弓 弓 弓 强 强 强

아닐 불   부수: 一

不 不

총 4획 ′ ′ ′ 不 不

쉴 식   부수: 心

息 息

총 10획 ′ ′ ′ ′ ′ 自 自 息 息 息

적수성가
赤手成家

몹시 가난한 집에서 태어나 제 스스로의 힘으로
노력하여 가산을 이룸.

붉을 적   부수: 赤

赤 赤

총 7획 ′ ′ ′ ′ ′ 赤 赤 赤

손 수   부수: 手

手 手

총 4획 ′ ′ ′ 手

이룰 성   부수: 戈

成 成

총 6획 ′ ′ ′ 成 成 成

집 가   부수: 宀

家 家

총 10획 ′ ′ ′ ′ ′ 宀 宀 宀 家 家 家

멋지게 쓰기

自 强 不 息

멋지게 쓰기

赤 手 成 家

멋지게 말하기

험난한 세상에서 생존력을 높이려면, 부모님에게 의존만
하지 말고 스스로 **자강불식**하려는 의지가 필요하다.

멋지게 말하기

채 사장은 어린 시절 가난했지만, 여러 번의
실패 끝에 결국 **적수성가**하였다.

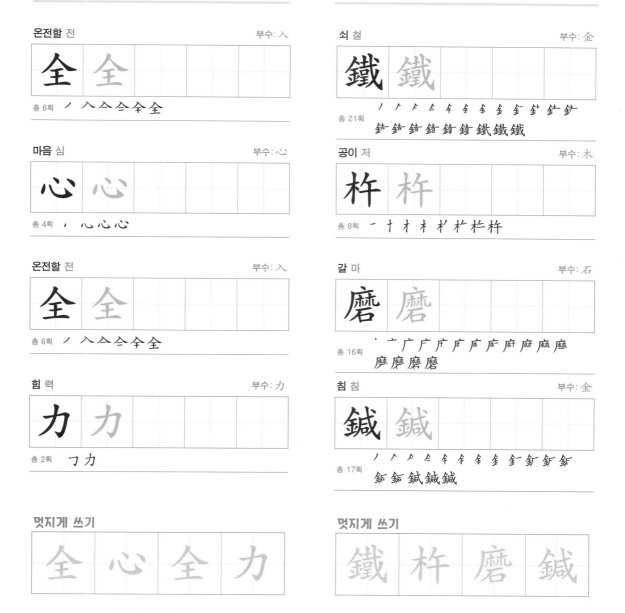

전심전력

全心全力

온 마음과 온 힘을 다 기울임.

온전할 전   부수: 入

全 全

총 6획   ノ 入 仝 仐 全 全

마음 심   부수: 心

心 心

총 4획   ノ 心 心 心

온전할 전   부수: 入

全 全

총 6획   ノ 入 仝 仐 全 全

힘 력   부수: 力

力 力

총 2획   フ 力

멋지게 쓰기

全 心 全 力

전심전력으로 일하지 않으면, 경쟁자에게 밀릴 수밖에 없을 것이다.

철저마침

鐵杵磨鍼

쇠공이를 갈아 바늘을 만든다는 뜻으로, 아무리 어려운 일이라도 노력하면 이룰 수 있음을 비유한 말.

쇠 철   부수: 金

鐵 鐵

총 21획   ノ ノ ノ ヒ 午 午 午 金 金 釒 針 針
鈝 鈝 鉄 鐼 鐼 鐼 鐵 鐵 鐵

공이 저   부수: 木

杵 杵

총 8획   一 十 才 木 杧 杧 杵 杵

갈 마   부수: 石

磨 磨

총 16획   丶 亠 广 广 庐 庐 庐 庐 麻 麻 麻
麿 麿 磨 磨

침 침   부수: 金

鍼 鍼

총 17획   ノ ノ ノ ヒ 午 午 午 金 金 釒 釒 釒
鈝 鈝 鍼 鍼 鍼

멋지게 쓰기

鐵 杵 磨 鍼

남이 이루어 놓은 성과를 보면 짧은 시간에 쉽게 한 것 같이 보이지만, 사실은 **철저마침**의 노력을 한 결과이다.

초부득삼
初不得三

첫번에 실패한 것이 세 번째는 성공한다는 뜻으로,
꾸준히 노력하면 성공할 수 있다는 말.

처음 초　　　　　　　　　　　부수: 刀

初	初		

총 7획　`ラ ネ ネ ネ 初初

아닐 부　　　　　　　　　　　부수: 一

不	不		

총 4획　一ブ不不

얻을 득　　　　　　　　　　　부수: 彳

得	得		

총 11획　ノ ノ ク イ 彳 彳 彳 得 得 得 得

석 삼　　　　　　　　　　　　부수: 一

三	三		

총 3획　一 二 三

멋지게 쓰기

初	不	得	三

처음부터 성과를 내는 사람은 거의 없다. 무슨 일에
도전을 하든 **초부득삼**의 마음가짐이 필요하다.

형설지공
螢雪之功

반딧불과 눈빛으로 이룬 공이라는 뜻으로, 고생하면서
꾸준하게 노력하며 공부하는 자세를 말함.

반딧불 형　　　　　　　　　　부수: 虫

螢	螢		

총 16획　` ` ` 丷 丷 丷 丷 炒 炒 炒 炒 炒 燮 营 螢 螢

눈 설　　　　　　　　　　　　부수: 雨

雪	雪		

총 11획　一 ｒ 三 雨 雨 雨 雨 雪 雪 雪

갈 지　　　　　　　　　　　　부수: 丿

之	之		

총 4획　` 一 ｙ 之

공 공　　　　　　　　　　　　부수: 力

功	功		

총 5획　一 丁 工 功 功

멋지게 쓰기

螢	雪	之	功

민식이는 **형설지공**의 노력 끝에, 어려운 가정
형편에도 불구하고 명문대 교수가 되었다.

각고면려 : 어떤 일에 고생을 무릅쓰고 몸과 마음을 다하여, 무척 애를 쓰면서 부지런히 노력함.

노마십가 : 둔한 말도 열흘 동안 수레를 끌 수 있다는 뜻으로, 재주 없는 사람도 노력하면 훌륭한 사람이 될 수 있다는 말.

각곡유목 : 고니를 조각하다가 집오리와 비슷하게는 된다는 뜻으로, 노력하다 보면 어떤 성과를 이루게 된다는 말.

누진취영 : 먼지에 새기고 그림자를 입으로 분다는 뜻으로, 쓸데없는 헛된 노력을 이르는 말.

계고지력 : 옛일을 자세히 살피어 공부하는 노력이라는 뜻으로, 학문이 넓고 지식이 많음을 이르는 말.

득능막망 : 사람으로서 알아야 할 것을 배운 후에는 잊지 않도록 노력하여야 함.

금석위개 : 쇠와 돌을 열리게 한다는 뜻으로, 강한 의지로 전력을 다하면 어떤 일에도 성공할 수 있다는 말.

면벽구년 : 벽을 향하고 아홉 해라는 뜻으로, 한 가지 일에 오랫동안 온 힘을 쏟음을 비유한 말.

발분망식 : 일을 이루려고 끼니조차 잊고
분발하여 노력함.

산류천석 : 물방울이 끊임없이 떨어지면 결국
돌에 구멍을 뚫듯이, 노력이 계속 되면 큰 일을
이룰 수 있음.

분골쇄신 : 뼈가 가루가 되고 몸이 부서진다는
뜻으로, 있는 힘을 다해 노력함. 또는 남을
위하여 수고를 아끼지 않음.

여조삭비 : 새가 하늘을 날기 위해 자주
날갯짓하는 것과 같다는 뜻으로, 배우기를 쉬지
않고 끊임없이 연습하고 익힘.

불철주야 : 밤낮을 가리지 않는다는 뜻으로,
조금도 쉴 사이 없이 일에 힘쓰고 노력함.

우공이산 : 우공이 산을 옮긴다는 뜻으로,
어떤 일이든 끊임없이 노력하면 반드시
이루어짐을 이르는 말.

사석위호 : 돌을 범인 줄 알고 쏘았더니 돌에
화살이 꽂혔다는 뜻으로, 성심을 다하면 아니
될 일도 이룰 수 있음.

유지경성 : 뜻이 있어 마침내 이룬다는
뜻으로, 이루고자 하는 뜻이 있는 사람은
반드시 성공한다는 것을 비유하는 말.

자강불식 : 스스로 강해지려 하며 쉬지 않는다는 뜻으로, 스스로 힘써 행하여 쉬지 않고 노력한다는 의미.

철저마침 : 쇠공이를 갈아 바늘을 만들다는 뜻으로, 아무리 어려운 일이라도 노력하면 이룰 수 있음을 비유한 말.

적수성가 : 몹시 가난한 집에서 태어나 제 스스로의 힘으로 노력하여 가산을 이룸.

초부득삼 : 첫번에 실패한 것이 세 번째는 성공한다는 뜻으로, 꾸준히 노력하면 성공할 수 있다는 말.

전심전력 : 온 마음과 온 힘을 다 기울임.

형설지공 : 반딧불과 눈빛으로 이룬 공이라는 뜻으로, 고생하면서 꾸준하게 노력하며 공부하는 자세를 말함.

셋째 마당

독서로 나의 마음을 다스려볼까?

독서

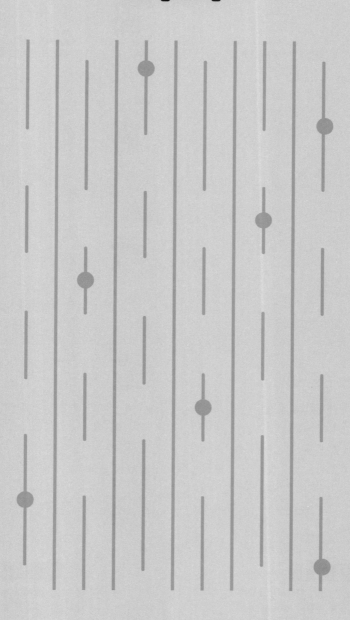

開卷有益

책을 펴서 읽으면 반드시 이로움이 있다는 뜻으로,
독서를 권장하는 말.

열 개   부수: 門

開 | 開

총 12획   ｜ ｜ ｜ ｜ 門 門 門 門 門 門 開 開

책 권   부수: 㔾

卷 | 卷

총 8획   丶 丶 丷 一 丷 半 半 券 卷

있을 유   부수: 月

有 | 有

총 6획   一 ナ ナ 冇 有 有

더할 익   부수: 皿

益 | 益

총 10획   丶 丷 一 八 八 八 关 关 益 益

고궁독서

固窮讀書

어려운 처지에도 기꺼이 글을 읽음.

굳을 고   부수: 口

固 | 固

총 8획   ｜ 冂 冃 冃 円 周 周 固

다할 궁   부수: 穴

窮 | 窮

총 15획   丶 丶 宀 宀 灾 灾 灾 穷 穷 穷 穷 窮 窮 窮

읽을 독   부수: 言

讀 | 讀

총 22획   丶 丶 二 三 言 言 言 計 計 請 請 請 請 請 請 請 請 讀 讀 讀 讀

글 서   부수: 日

書 | 書

총 10획   一 ユ ヨ ヨ 書 書 書 書 書 書

멋지게 쓰기

開	卷	有	益

멋지게 쓰기

固	窮	讀	書

勸學講文

학문을 권하며 글 읽기에 힘쓰게 한다는 뜻.

讀書亡羊

글을 읽는 데 정신이 팔려서 양을 잃었다는 뜻.

권할 권   부수:力

勸 勸

총 20획

배울 학   부수:子

學 學

총 16획

외울 강   부수:言

講 講

총 17획

글월 문   부수:文

文 文

총 4획 　丶亠ナ文

읽을 독   부수:言

讀 讀

총 22획

글 서   부수:曰

書 書

총 10획

망할 망   부수:亠

亡 亡

총 3획 　丶亠亡

양 양   부수:羊

羊 羊

총 6획 　丶丷丷兰羊

멋지게 쓰기

勸 學 講 文

멋지게 쓰기

讀 書 亡 羊

멋지게 말하기

아이에게 책 읽기를 권하기보다 부모가 먼저
권학강문을 보여야 한다.

멋지게 말하기

직장에서 **독서망양**하면 위태롭게 되므로, 항상
눈앞의 일에 집중해야 한다.

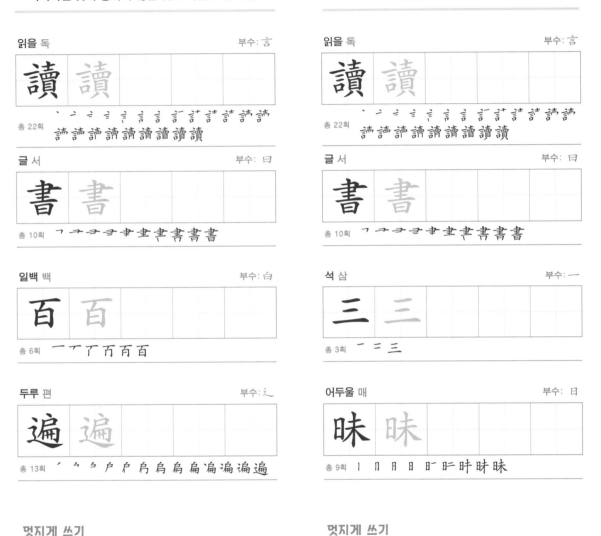

독서백편
讀書百遍

글 읽기를 백 번 한다는 뜻으로 되풀이하여 몇 번이고,
숙독하면 뜻이 통하지 않던 것도 저절로 알게 됨.

읽을 독　　　　　　　　부수: 言

讀　讀

총 22획　丶　亠　宀　宀　言　言　言　言　読　読
讀 讀 讀 讀 讀 讀 讀 讀 讀

글 서　　　　　　　　부수: 曰

書　書

총 10획　フ　フ　ヲ　ヨ　聿　聿　書　書　書　書

일백 백　　　　　　　　부수: 白

百　百

총 6획　一　ブ　了　万　百　百

두루 편　　　　　　　　부수: 辶

遍　遍

총 13획　丶　ㄴ　ㄱ　尸　尸　户　户　扁　扁　淪　遍　遍

독서삼매
讀書三昧

다른 생각은 전혀 아니 하고
오직 책 읽기에만 골몰하는 경지.

읽을 독　　　　　　　　부수: 言

讀　讀

총 22획　丶　亠　宀　宀　言　言　言　言　読　読
讀 讀 讀 讀 讀 讀 讀 讀 讀

글 서　　　　　　　　부수: 曰

書　書

총 10획　フ　フ　ヲ　ヨ　聿　聿　書　書　書　書

석 삼　　　　　　　　부수: 一

三　三

총 3획　一　二　三

어두울 매　　　　　　　　부수: 日

昧　昧

총 9획　丨　冂　日　日　旷　旷　昨　昧　昧

멋지게 쓰기

讀　書　百　遍

멋지게 쓰기

讀　書　三　昧

멋지게 말하기

아이들의 사고력을 기르기 위해서는, 답을 바로 알려주지
말고 **독서백편**하여 스스로 깨닫도록 지도해야 한다.

멋지게 말하기

올해 여름휴가는 **독서삼매**에 빠져 책 읽기의
즐거움으로 보내야겠다.

독서삼여
讀書三餘

독서를 하기에 적당한 세 여가.
즉, 겨울·저녁·비올 때.

독서상우
讀書尚友

책을 읽음으로써 옛 현인과 벗함.

읽을 독 부수: 言

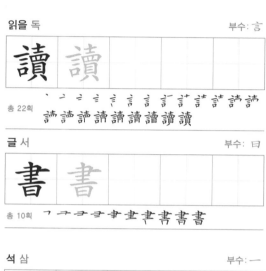

총 22획 `ヽ ー テ テ ゠ ゠ ゠ ゠ 言 言 言 言 言 言 讀 讀 讀 讀 讀 讀 讀 讀 讀`

글 서 부수: 曰

총 10획 `ファ ア ヨ ヨ 聿 聿 書 書 書 書`

석 삼 부수: 一

총 3획 `ー ニ 三`

남을 여 부수: 飠

총 16획 `ノ ハ ク 人 今 今 今 余 余 余 飠 飠 飠 餘 餘 餘`

읽을 독 부수: 言

총 22획 `ヽ ー テ テ ゠ ゠ ゠ ゠ 言 言 言 言 言 言 讀 讀 讀 讀 讀 讀 讀 讀 讀`

글 서 부수: 曰

총 10획 `ファ ア ヨ ヨ 聿 聿 書 書 書 書`

오히려 상 부수: 小

총 8획 `ノ ゾ 小 小 沿 沿 尚 尚`

벗 우 부수: 又

총 4획 `ー ナ 方 友`

멋지게 쓰기

讀　書　三　餘

멋지게 쓰기

讀　書　尚　友

독오거서
讀五車書

다섯 대의 수레에 가득히 실을 만큼 많은 책을 읽음.

읽을 독　　　　　　　　　부수: 言

讀　讀

총 22획　ヽ ー ゝ ゝ 言 言 言 訂 訂 詰 詰
讀 讀 讀 讀 讀 讀 讀 讀 讀

다섯 오　　　　　　　　　부수: 二

五　五

총 4획　一 丁 五 五

수레 거, 수레 차　　　　　부수: 車

車　車

총 7획　一 ㄷ ㅏ 듸 듸 듸 車

글 서　　　　　　　　　　부수: 日

書　書

총 10획　ㄱ ㅋ ㅋ ㅋ 聿 聿 書 書 書 書

멋지게 쓰기

讀　五　車　書

등화가친
燈火可親

등불을 가까이 할 수 있다는 뜻으로, 가을밤은 시원하고
상쾌하므로 가까이하여 글 읽기에 좋음을 이르는 말.

등 등　　　　　　　　　　부수: 火

燈　燈

총 16획　ヽ ヽ ㅅ 火 炒 炒 燃 燃 燃 燈
燈 燈 燈 燈

불 화　　　　　　　　　　부수: 火

火　火

총 4획　ヽ ヽ ㅆ 火

옳을 가　　　　　　　　　부수: 口

可　可

총 5획　一 ㄱ ㅋ 可 可

친할 친　　　　　　　　　부수: 見

親　親

총 16획　ヽ ゝ ㅗ ㅗ 立 立 辛 辛 亲 剰 剰
剰 剰 剰 親

멋지게 쓰기

燈　火　可　親

문방사우

文房四友

서재에 꼭 있어야 할 네 벗.
즉 종이, 붓, 벼루, 먹을 말함.

박아이문

博我以文

글로써 나를 넓힌다는 뜻으로, 널리 독서하여
자기 인격을 높이자는 뜻임.

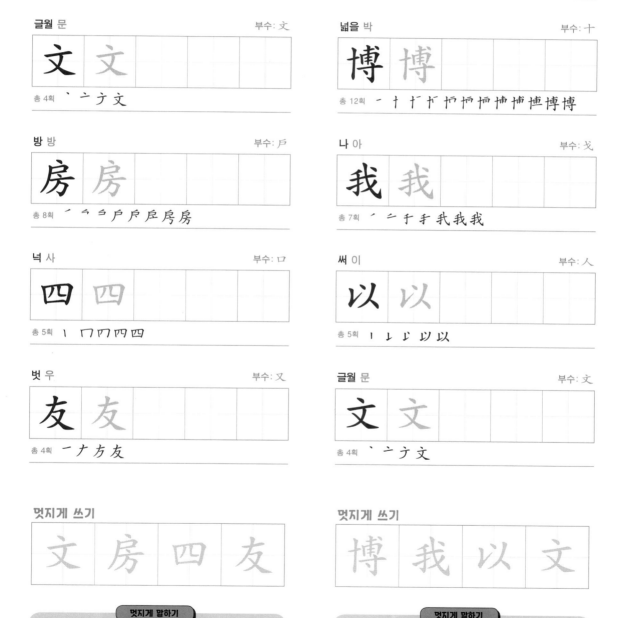

글월 문   부수: 文

文 文

총 4획 `　一　ナ　文

넓을 박   부수: 十

博 博

총 12획 一　十　十　忭　忭　恒　恒　博　博　博　博

방 방   부수: 戶

房 房

총 8획 `　宀　彐　戶　戶　戶　房　房

나 아   부수: 戈

我 我

총 7획 `　一　干　手　我　我　我

넉 사   부수: 口

四 四

총 5획 丨　冂　四　四　四

써 이   부수: 人

以 以

총 5획 丨　乚　以　以　以

벗 우   부수: 又

友 友

총 4획 一　ナ　方　友

글월 문   부수: 文

文 文

총 4획 `　一　ナ　文

멋지게 쓰기

文 房 四 友

멋지게 쓰기

博 我 以 文

멋지게 말하기

그의 서재에는 **문방사우**가 정성껏 갖춰져 있어
학문과 예술에 대한 열정이 느껴졌다.

멋지게 말하기

박아이문을 해야 인격과 지적수준이 높아져
사람들에게 존경을 받을 수 있다.

삼여지공
三餘之功

독서하기에 가장 좋은 겨울·밤·비오는 날을 일컬음.

석 삼　　　　　　　　　　부수: 一

三　三

총 3획　一二三

남을 여　　　　　　　　　부수: 食

餘　餘

총 16획　丿𠂉𠂊𠂊𠂊今合合食食食飮飮飮餘餘餘

갈 지　　　　　　　　　　부수: 丿

之　之

총 4획　丶㇏㇇之

공 공　　　　　　　　　　부수: 力

功　功

총 5획　一工工功功

신량등화
新涼燈火

가을의 서늘한 기운이 처음 생길 무렵에
등불 밑에서 글 읽기가 좋음.

새로울 신　　　　　　　　부수: 斤

新　新

총 13획　丶亠亠立立辛辛亲亲新新新新

서늘할 량(양)　　　　　　부수: 氵

涼　涼

총 11획　丶丶冫氵氵汋沪沪涼涼涼

등 등　　　　　　　　　　부수: 火

燈　燈

총 16획　丶丷灯灯灯灯灯炒炒炒炒燈燈燈燈燈

불 화　　　　　　　　　　부수: 火

火　火

총 4획　丶丷少火

멋지게 쓰기

三　餘　之　功

멋지게 쓰기

新　涼　燈　火

멋지게 말하기

요즘 계속해서 비가 내리는 것이,
삼여지공 하기에 딱 좋은 듯하다.

멋지게 말하기

가을이 왔으니 **신량등화** 하며
지적 수준을 높이는 시간을 보내야겠다.

70

안광지배

眼光紙背

눈빛이 종이의 뒤까지 꿰뚫어본다는 뜻으로,
독서의 이해력이 날카롭고 깊음을 이르는 말.

어언무미

語言無味

하는 말이 재미없다는 뜻으로, 독서를 하지 않는
사람의 말은 맛없음을 이르는 말.

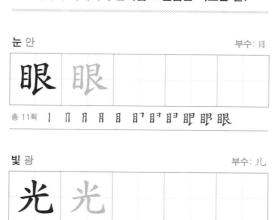

눈 안   부수: 目

眼 眼

총 11획 丨丨冂冂目目7目7目7目眼眼眼

빛 광   부수: 儿

光 光

총 6획 丨丨业业光

종이 지   부수: 糸

紙 紙

총 10획 幺幺幺幺糸糸糸紅紆紙

등 배   부수: 月

背 背

총 9획 丨丬爿北北背背背

말씀 어   부수: 言

語 語

총 14획 丶二言言言言訂訌話語
語語語

말씀 언   부수: 言

言 言

총 7획 丶二言言言言

없을 무   부수: 灬

無 無

총 12획 丿二二二二無無無無無無無

맛 미   부수: 口

味 味

총 8획 口口口叮吁吁味味

멋지게 쓰기

眼 光 紙 背

멋지게 쓰기

語 言 無 味

멋지게 말하기

단순 지식을 암기하는 차원을 넘어 **안광지배**의
통찰력을 기르는 것이 독서의 궁극적 목표다.

멋지게 말하기

보통 책을 읽지 않는 사람들의 말은
위트와 재미가 없어 **어언무미**하다.

영설독서

映雪讀書

눈빛에 비쳐 책을 읽는다는 뜻으로,
가난을 무릅쓰고 학문함을 이르는 말.

비칠 영   부수: 日

映	映			

총 9획 丨 冂 冂 日 日 町 肿 映 映

눈 설   부수: 雨

雪	雪			

총 11획 一 厂 千 千 千 雨 雨 雪 雪 雪 雪

읽을 독   부수: 言

讀	讀			

총 22획 丶 亠 二 三 言 言 言 計 計 計 詩 詩
讀 讀 讀 讀 讀 讀 讀 讀 讀 讀

글 서   부수: 曰

書	書			

총 10획 フ ユ ヨ ヨ 聿 書 書 書 書 書

멋지게 쓰기

映	雪	讀	書

멋지게 말하기

영진이는 힘든 상황에서도 **영설독서**하며 꿈을 위해
책과 함께 씨름하고 있다.

우각괘서

牛角掛書

소의 뿔에 책을 걸어 놓는다는 뜻으로,
소를 타고 독서함을 이르는 말.

소 우   부수: 牛

牛	牛			

총 4획 丿 � 二 牛

뿔 각   부수: 角

角	角			

총 7획 丿 夕 夕 角 角 角 角

걸 괘   부수: 扌

掛	掛			

총 11획 一 十 扌 扌 扴 挂 挂 挂 挂 掛 掛

글 서   부수: 曰

書	書			

총 10획 フ ユ ヨ ヨ 聿 書 書 書 書 書

멋지게 쓰기

牛	角	掛	書

멋지게 말하기

민식이는 직장에 다니면서도 **우각괘서**하여
결국 공인 노무사 시험에 합격하였다.

월광독서
月光讀書

달빛으로 책을 읽는다는 뜻.

을야지람
乙夜之覽

임금이 낮에는 정사를 보고 자기 전인 밤 열 시부터
열두 시까지 책을 읽는다는 뜻.

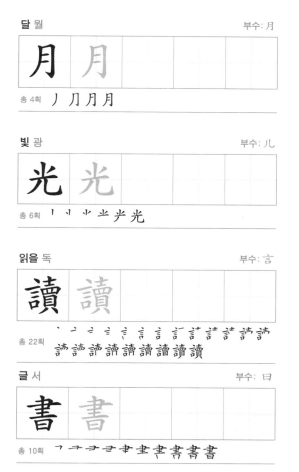

달 월　　　　　　　　　　부수: 月

月 月

총 4획　丿 刀 月 月

빛 광　　　　　　　　　　부수: 儿

光 光

총 6획　丨 丨 业 业 尖 光

읽을 독　　　　　　　　　부수: 言

讀 讀

총 22획　丶 亠 亠 言 言 言 言 訁 訮 訮 讀 讀 讀
讀 讀 讀 讀 讀 讀 讀 讀 讀

글 서　　　　　　　　　　부수: 曰

書 書

총 10획　フ ㄱ ㅋ ㅋ 聿 書 書 書 書 書

새 을　　　　　　　　　　부수: 乙

乙 乙

총 1획　乙

밤 야　　　　　　　　　　부수: 夕

夜 夜

총 8획　丶 亠 广 疒 疒 疒 夜 夜

갈 지　　　　　　　　　　부수: 丿

之 之

총 4획　丶 亠 之

볼 람(남)　　　　　　　　부수: 見

覽 覽

총 21획　一 T 五 五 五 臣 臣 臣 臣 臣 臣
臨 臨 瞖 瞖 瞖 瞖 覽 覽

멋지게 쓰기

月 光 讀 書

멋지게 쓰기

乙 夜 之 覽

멋지게 말하기

순호는 집안 형편이 어려워 **월광독서**를 해야
성공할 수 있다는 것을 잘 알고 있다.

멋지게 말하기

그는 낮에는 직장생활을 하고 밤에는 대학을
가기 위해 **을야지람**의 시간을 보내고 있다.

一目十行

한 번 보고 열 줄을 읽는다는 뜻으로,
독서력이 매우 뛰어남을 이르는 말.

한 일   부수: 一

一 | 一

총 1획   一

눈 목   부수: 目

目 | 目

총 5획   丨 冂 月 月 目

열 십   부수: 十

十 | 十

총 2획   一 十

다닐 행   부수: 行

行 | 行

총 6획   丿 彳 彳 彳 行 行

멋지게 쓰기

一 目 十 行

멋지게 말하기

수빈이는 책 읽는 습관이 잘 되어, 다수의 글을
친구들보다 빠른 속도로 읽을 수 있는 **일목십행**이
매우 뛰어나다.

在家讀書

밖에 나가지 아니하고 집에 머물며 글을 읽음.

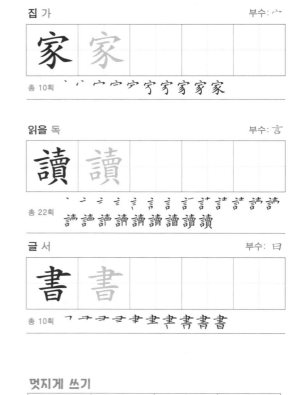

있을 재   부수: 土

在 | 在

총 6획   一 ナ 才 才 在 在

집 가   부수: 宀

家 | 家

총 10획   丶 宀 宀 宀 宇 宇 宇 宕 家 家

읽을 독   부수: 言

讀 | 讀

총 22획   丶 二 二 言 言 言 言 言 訁 訁 訁 讀 讀 讀 讀 讀 讀 讀 讀 讀

글 서   부수: 曰

書 | 書

총 10획   一 フ ヨ ヨ 聿 聿 書 書 書 書

멋지게 쓰기

在 家 讀 書

멋지게 말하기

민주는 학업성적을 올리기 위해 방학 기간에
재가독서하기로 마음먹었다.

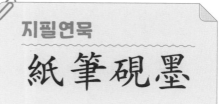

주경야독
晝耕夜讀

낮에는 밭을 갈고 밤에는 글을 읽는다는 뜻.

지필연묵
紙筆硯墨

종이와 붓과 벼루와 먹을 아울러 이르는 말.

낮 주   부수: 日

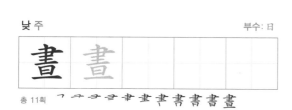

총 11획 　フ ユ ヨ 聿 聿 書 書 書 書 晝

밭 갈 경   부수: 未

총 10획 　一 二 三 丰 丰 耒 耒 耕 耕

밤 야   부수: 夕

총 8획 　丶 亠 广 广 疒 夜 夜 夜

읽을 독   부수: 言

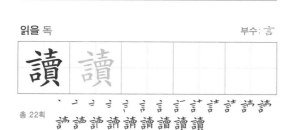

총 22획 　丶 亠 亠 言 言 言 言 言 詰 詰 詰 詰 讀 讀 讀 讀 讀 讀 讀 讀 讀 讀

종이 지   부수: 糸

총 10획 　ㄴ ㄴ ㄴ 幺 幺 糸 糸' 紅 紙 紙

붓 필   부수: 土

총 12획 　ノ 卜 卜 竹 竹 竹 竺 竺 笁 筆 筆 筆

벼루 연   부수: 石

총 12획 　一 丁 丆 石 石 矴 硏 硏 硏 硯 硯 硯

먹 묵   부수: 土

총 14획 　丶 丨 口 冂 四 甲 里 里 里 黑 黑 黑 黑 墨 墨 墨

멋지게 쓰기

멋지게 쓰기

멋지게 말하기

아버지께서는 **주경야독**을 강조하시며 열심히 공부하는 것이 인생 최고의 가치라고 말씀하셨다.

멋지게 말하기

지필연묵을 활용한 전통 서예 수업이 도심 속 한복판에서 열려 관람객들의 호응을 이끌었다.

침경자서
枕經藉書

경서를 베개로 베고, 책을 깔개로 삼다.
밤낮 독서에 깊이 탐닉하는 일.

베개 침   부수: 木

枕 枕

총 8획 一 十 才 木 木 木 桥 枕

지날 경   부수: 糸

經 經

총 13획 ⺀ ⺀ ⺀ ⺀ ⺀ ⺀ ⺀ 糽 細 經 經 經 經

깔 자   부수: 艹

藉 藉

총 18획 一 ヰ 艹 茊 茊 茊 茊 茊 茊 茊 茊 藉 藉 藉 藉 藉

글 서   부수: 曰

書 書

총 10획 ㄱ ⺄ ⺄ ⺪ 聿 書 書 書 書 書

탐독완시
耽讀翫市

한(漢) 나라의 왕총은 독서를 즐겨
저잣거리 서점에 가서 탐독했음.

즐길 탐   부수: 耳

耽 耽

총 10획 一 丆 厂 丌 FT 耳 耳 耽 耼 耽

읽을 독   부수: 言

讀 讀

총 22획 丶 ㇀ ㇁ 言 言 言 言 訂 訂 誇 誇 讀
讀 讀 讀 讀 讀 讀 讀 讀 讀

가지고 놀 완   부수: 羽

翫 翫

총 15획 ㄱ ㄱ ㄱ 羽 羽 羽 羿 翌 習 習
翫 翫 翫 翫

저자 시   부수: 巾

市 市

총 5획 丶 亠 广 市 市

멋지게 쓰기

枕 經 藉 書

멋지게 쓰기

耽 讀 翫 市

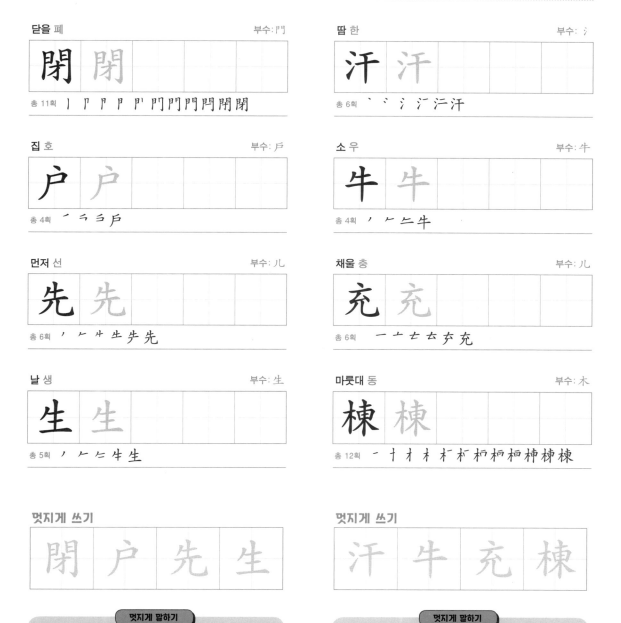

폐호선생
閉戶先生

문을 닫은 선생이라는 뜻으로, 밖에 나가지 않고 집에 틀어박혀 독서만 하는 사람을 이르는 말.

닫을 폐 부수: 門

閉 閉

총 11획 丨 𠃌 𠃌 𠃌 門 門 門 門 閂 閇 閉

집 호 부수: 戶

戶 戶

총 4획 ㇒ ㇇ 彐 戶

먼저 선 부수: 儿

先 先

총 6획 丿 𠂉 屮 生 先 先

날 생 부수: 生

生 生

총 5획 丿 𠂉 𠂉 牛 生

멋지게 쓰기

閉 戶 先 生

멋지게 말하기

자기계발을 위해 누구나 한두 번쯤은 **폐호선생**처럼 시간을 보낼 필요가 있다.

한우충동
汗牛充棟

짐으로 실으면 소가 땀을 흘리고, 쌓으면 대들보까지 미친다는 뜻으로 책이 많음을 이르는 말.

땀 한 부수: 氵

汗 汗

총 6획 丶 丶 氵 氵 汗 汗

소 우 부수: 牛

牛 牛

총 4획 丿 𠂉 𠂉 牛

채울 충 부수: 儿

充 充

총 6획 一 亠 云 云 充 充

마룻대 동 부수: 木

棟 棟

총 12획 一 十 才 木 木 木 柯 柯 柯 棟 棟 棟

멋지게 쓰기

汗 牛 充 棟

멋지게 말하기

책이 겹겹이 쌓인 방안에 들어가면 **한우충동**이라는 말이 절로 나온다.

개권유익 : 책을 펴서 읽으면 반드시 이로움이 있다는 뜻으로, 독서를 권장하는 말.

고궁독서 : 어려운 처지에도 기꺼이 글을 읽음.

권학강문 : 학문을 권하며 글 읽기에 힘쓰게 한다는 뜻.

독서망양 : 글을 읽는 데 정신이 팔려서 양을 잃었다는 뜻.

독서백편 : 글 읽기를 백 번 한다는 뜻으로 되풀이하여 몇 번이고, 숙독하면 뜻이 통하지 않던 것도 저절로 알게 됨.

독서삼매 : 다른 생각은 전혀 아니 하고 오직 책 읽기에만 골몰하는 경지.

독서삼여 : 독서를 하기에 적당한 세 여가. 즉, 겨울·저녁·비올 때.

독서상우 : 책을 읽음으로써 옛 현인과 벗함.

독오거서 : 다섯 대의 수레에 가득히 실을 만큼 많은 책을 읽음.

삼여지공 : 독서하기에 가장 좋은 겨울·밤·비오는 날을 일컬음.

등화가친 : 등불을 가까이 할 수 있다는 뜻으로, 가을밤은 시원하고 상쾌하므로 가까이하여 글 읽기에 좋음을 이르는 말.

신량등화 : 가을의 서늘한 기운이 처음 생길 무렵에 등불 밑에서 글 읽기가 좋음.

문방사우 : 서재에 꼭 있어야 할 네 벗. 즉 종이, 붓, 벼루, 먹을 말함.

안광지배 : 눈빛이 종이의 뒤까지 꿰뚫어본다는 뜻으로, 독서의 이해력이 날카롭고 깊음을 이르는 말.

박아이문 : 글로써 나를 넓힌다는 뜻으로, 널리 독서하여 자기 인격을 높이자는 뜻임.

어언무미 : 하는 말이 재미없다는 뜻으로, 독서를 하지 않는 사람의 말은 맛없음을 이르는 말.

영설독서 : 눈빛에 비쳐 책을 읽는다는
뜻으로, 가난을 무릅쓰고 학문함을 이르는 말.

우각괘서 : 소의 뿔에 책을 걸어 놓는다는
뜻으로, 소를 타고 독서함을 이르는 말.

월광독서 : 달빛으로 책을 읽는다는 뜻.

을야지람 : 임금이 낮에는 정사를 보고 자기
전인 밤 열 시부터 열두 시까지 책을 읽는다는
뜻.

일목십행 : 한 번 보고 열 줄을 읽는다는
뜻으로, 독서력이 매우 뛰어남을 이르는 말.

재가독서 : 밖에 나가지 아니하고 집에 머물며
글을 읽음.

주경야독 : 낮에는 밭을 갈고 밤에는 글을
읽는다는 뜻.

지필연묵 : 종이와 붓과 벼루와 먹을 아울러
이르는 말.

침경자서 : 경서를 베개로 베고, 책을 깔개로
삼다. 밤낮 독서에 깊이 탐닉하는 일.

탐독완시 : 한(漢) 나라의 왕충은 독서를 즐겨
저잣거리 서점에 가서 탐독했음.

폐호선생 : 문을 닫은 선생이라는 뜻으로,
밖에 나가지 않고 집에 틀어박혀 독서만 하는
사람을 이르는 말.

한우충동 : 짐으로 실으면 소가 땀을 흘리고,
쌓으면 대들보까지 미친다는 뜻으로 책이
많음을 이르는 말.

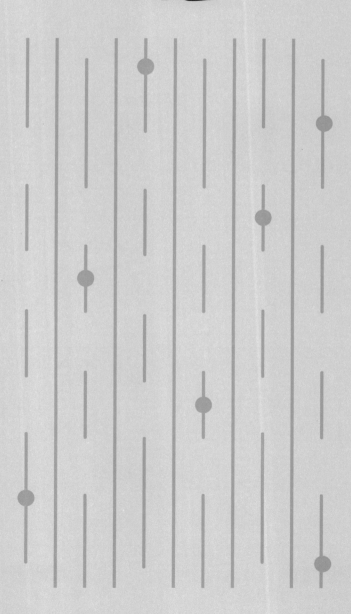

竭澤而漁

연못의 물을 말려 고기를 잡는다는 뜻으로,
일시적인 욕심 때문에 먼 장래를 생각하지 않음.

車魚之歎

수레와 고기가 없음을 탄식한다는 뜻으로,
사람의 욕심에는 한이 없음을 뜻함.

다할 갈   부수 : 立
竭 竭

총 14획   `丶 亠 十 立 立 坦 坦 坦 坦 竭 竭 竭 竭

못 택   부수 : 氵
澤 澤

총 16획   `丶 氵 氵 沪 沪 沪 澤 澤 澤 澤 澤 澤 澤 澤

말 이을 이   부수 : 而
而 而

총 6획   一 丆 厂 丙 而 而

고기잡을 어   부수 : 氵
漁 漁

총 14획   `丶 氵 氵 汋 沍 泸 洦 渔 渔 漁 漁 漁 漁

수레 거, 수레 차   부수 : 車
車 車

총 7획   一 厂 厅 戸 百 亘 車

물고기 어   부수 : 魚
魚 魚

총 11획   丿 ⺈ ⺈ 섟 鱼 角 鱼 鱼 魚 魚 魚

갈 지   부수 : 丿
之 之

총 4획   丶 一 亠 之

탄식할 탄   부수 : 欠
歎 歎

총 15획   一 十 艹 艹 艹 芇 苜 苜 莗 堇 堇 熯 歎 歎 歎

멋지게 쓰기

竭 澤 而 漁

멋지게 쓰기

車 魚 之 歎

멋지게 말하기

자신의 소득에 맞지 않는 지나친 사치는
갈택이어와 같다.

멋지게 말하기

원하는 것을 다 들어줘도,
자꾸 불평만 하니 여기에 **거어지탄**을 느낀다.

격이행지
激而行之

물을 막아 거꾸로 흘러가게 한다는 뜻으로, 사람의 본성은 착하지만, 욕심이 가로막으면 악하게 됨을 이르는 말.

격할 격
부수 : 氵

激　激

총 16획　丶丶氵氵沪泸泸泸泸
激激激激激激

말 이을 이
부수 : 而

而　而

총 6획　一丆丆丙而而

다닐 행
부수 : 行

行　行

총 6획　丿丿彳彳行行

갈 지
부수 : 丿

之　之

총 4획　丶亠之之

견물생심
見物生心

물건을 보면 욕심이 생긴다는 뜻.

볼 견
부수 : 見

見　見

총 7획　丨冂冂月目目見

물건 물
부수 : 牜

物　物

총 8획　丿丿牜牜牜物物物

날 생
부수 : 生

生　生

총 5획　丿丿丨生生

마음 심
부수 : 心

心　心

총 4획　丿心心心

멋지게 쓰기

激　而　行　之

멋지게 쓰기

見　物　生　心

멋지게 말하기

지금 당장은 순하고 선할지라도 **격이행지**가 되면 은혜를 배신으로 갚는 게 인간이다.

멋지게 말하기

견물생심이 인간 본성에 속하는 것이어서, 돈 앞에서 욕심이 자제가 안 되는 게 당연하다.

경시호탈

輕施好奪

제 것을 남에게 잘 주는 이는
무턱대고 남의 것을 욕심낸다는 말.

가벼울 경　　　　　　부수 : 車

輕	輕				

총 14획　一 ㄣ ㄇ 同 百 亘 車 軒 軒 軒
輕 輕 輕 輕

베풀 시　　　　　　부수 : 方

施	施				

총 9획　丶 亠 ㇏ 方 方 方 㐅 施 施

좋을 호　　　　　　부수 : 女

好	好				

총 6획　ㄥ 女 女 女 好 好

빼앗을 탈　　　　　　부수 : 大

奪	奪				

총 14획　一 ナ 大 太 存 奋 奄 奋 奞 奞
奞 奪 奪 奪

계학지욕

溪壑之慾

시냇물이 흐르는 산골짜기의 욕심이라는 뜻으로,
물릴 줄 모르는 한없는 욕심을 비유적으로 이르는 말.

시내 계　　　　　　부수 : 氵

溪	溪				

총 13획　丶 丶 氵 氵 浐 浐 浐 浐 溪 溪 溪

골 학　　　　　　부수 : 土

壑	壑				

총 17획　丶 亠 亠 亠 亠 亠 虍 虍 虍 宯
宯 叡 叡 叡 壑 壑

갈 지　　　　　　부수 : 丿

之	之				

총 4획　丶 亠 ㇋ 之

욕심 욕　　　　　　부수 : 心

慾	慾				

총 15획　丶 丿 丷 夕 夂 谷 谷 谷 欲 欲
欲 欲 慾 慾 慾

멋지게 쓰기

輕	施	好	奪

멋지게 쓰기

溪	壑	之	慾

멋지게 말하기

경시호탈이라고, 제 것을 남에게 가볍게 주는
사람은 무턱대고 남의 것도 탐내기 쉽다.

멋지게 말하기

계학지욕은 인간의 본성이어서, 무엇인가를 손에
넣어도 곧 자신이 갖지 못한 것에 집착하게 된다.

과분지망
過分之望

자기 분수에 지나치는 욕망 또는 욕심을 뜻하는 말.

대욕비도
大慾非道

욕심이 많고 무자비함.

지날 과 부수 : 辶

총 13획 丨 冂 冂 冎 冎 咼 咼 咼 渦 渦 渦 過 過

클 대 부수 : 大

총 3획 一 ナ 大

나눌 분 부수 : 刀

총 4획 丿 八 分 分

욕심 욕 부수 : 心

총 15획 丿 丷 夕 夕 夕 谷 谷 谷 欲 欲 欲 欲 慾 慾 慾

갈 지 부수 : 丿

총 4획 丶 一 ㇇ 之

아닐 비 부수 : 非

총 8획 丨 ㇡ 非 ㇐ 非 非 非 非

바랄 망 부수 : 月

총 11획 丶 ㇇ ㄷ ㄷ ㅂ 切 望 望 望 望 望

길 도 부수 : 辶

총 13획 丶 丷 丷 ㇒ 首 首 首 首 道 道 道 道

멋지게 쓰기

멋지게 쓰기

멋지게 말하기

효린이는 월급에 비해 지나친 소비 때문에 신용불량자가
되어 **과분지망**의 삶이라고 비난받고 있다.

멋지게 말하기

세상은 **대욕비도**한 인간이 욕을 많이 먹지만,
생각보다 승승장구하는 경우가 많다.

得隴望蜀

농(隴)나라를 얻고 나니 촉(蜀)나라를 갖고 싶다는
뜻으로, 인간의 욕심은 한이 없음을 비유하는 말.

얻을 득 부수 : 彳

得

총 11획 ` ノ ゛ 彳 彳 彳 彳 得 得 得 得

고개 이름 롱(농) 부수 : 阝

隴

총 19획 ` 冫 阝 阝 阝 阝 阝 陉 阼 阼
阼 阼 阼 阼 阼 陇 隴 隴 隴

바랄 망 부수 : 月

望

총 11획 ` 亠 亡 亡 望 望 望 望 望 望 望

나라이름 촉, 애벌레 촉 부수 : 虫

蜀

총 13획 ` 冂 罒 罒 罒 罒 罒 罕 罜 蜀 蜀 蜀 蜀

멋지게 쓰기

得 隴 望 蜀

멋지게 말하기

아버지께서는 항상 **득롱망촉**하지 말고, 얻은 것에
감사하는 마음을 가져야 한다고 가르치셨어.

望蜀之歎

농(隴)나라를 얻고 나니 촉(蜀)나라를 갖고 싶다는
뜻으로, 인간의 욕심은 한이 없음을 비유하는 말.

바랄 망 부수 : 月

望

총 11획 ` 亠 亡 亡 望 望 望 望 望 望 望

애벌레 촉 부수 : 虫

蜀

총 13획 ` 冂 罒 罒 罒 罒 罒 罕 罜 蜀 蜀 蜀 蜀

갈 지 부수 : 丿

之

총 4획 ` 亠 之 之

탄식할 탄 부수 : 欠

歎

총 15획 一 十 廿 廿 苁 苺 苗 苴 莫 莫
莫 莫 歎 歎 歎

멋지게 쓰기

望 蜀 之 歎

멋지게 말하기

재벌가들의 탈세를 보면 **망촉지탄**이란
말이 절로 나올 수밖에 없다.

무염지옥
無厭之慾

만족할 줄 모르는 끝없는 욕심.
한이 없는 욕심.

없을 무
부수 : 灬

無 無 | | | |

총 12획　´ ㅅ ㅗ ㅌ 뜨 뜨 無 無 無 無 無

싫어할 염
부수 : 厂

厭 厭 | | | |

총 14획　一 厂 厂 厂 厌 厌 厌 肙 肙 肙
　　　肙 厭 厭 厭

갈 지
부수 : 丿

之 之 | | | |

총 4획　丶 一 ラ 之

욕심 욕
부수 : 心

慾 慾 | | | |

총 15획　´ ㅅ ㄠ ㄠ ㄠ 谷 谷 谷 谷 欲
　　　欲 欲 慾 慾 慾

멋지게 쓰기

無 厭 之 慾

멋지게 말하기
인간은 동물 중에서도 가장 **무염지욕**한 동물이다.

무욕염담
無慾恬淡

욕심이 없이 마음이 깨끗하고
담담함을 뜻하는 말.

없을 무
부수 : 灬

無 無 | | | |

총 12획　´ ㅅ ㅗ ㅌ 뜨 뜨 無 無 無 無 無

욕심 욕
부수 : 心

慾 慾 | | | |

총 15획　´ ㅅ ㄠ ㄠ ㄠ 谷 谷 谷 谷 欲
　　　欲 欲 慾 慾 慾

편안할 염
부수 : 忄

恬 恬 | | | |

총 9획　´ ´ ㅅ 忄 忄 忙 忓 恬 恬

맑을 담
부수 : 氵

淡 淡 | | | |

총 11획　丶 丶 氵 氵 沪 沙 沙 泌 泌 淡 淡

멋지게 쓰기

無 慾 恬 淡

멋지게 말하기
예전에 유명했던 배우는 모든 것을 내려놓고
지금은 **무욕염담**의 삶을 살고 있다.

89

비기지욕

肥己之慾

자기에게만 이롭게 하려는
욕심을 뜻하는 말.

살찔 비 부수 : 月

肥 肥

총 8획 ㅣ ㅐ 月 月 肝 肝 肥 肥

몸 기 부수 : 己

己 己

총 3획 ㄱ ㄱ 己

갈 지 부수 : ノ

之 之

총 4획 ㆍ ㅗ ㅗ 之

욕심 욕 부수 : 心

慾 慾

총 15획 ㆍ ㅅ ㅅ ㅕ ㅕ ㅕ 谷 谷 谷 欲 欲

欲 欲 慾 慾 慾

멋지게 쓰기

肥 己 之 慾

멋지게 말하기

비기지욕은 인간의 본능이라서, 자신의 이익을
위해서라면 다른 사람에게 손해를 끼치는 것을
대수롭지 않게 여긴다.

사리사욕

私利私慾

사사로운 이익과 욕심을 뜻하는 말.

사사 사 부수 : 禾

私 私

총 7획 ㆍ ㅗ ㅜ ㅓ 禾 私 私

이로울 리(이) 부수 : 刂

利 利

총 7획 ㆍ ㅗ ㅜ ㅓ 禾 利 利

사사 사 부수 : 禾

私 私

총 7획 ㆍ ㅗ ㅜ ㅓ 禾 私 私

욕심 욕 부수 : 心

慾 慾

총 15획 ㆍ ㅅ ㅅ ㅕ ㅕ ㅕ 谷 谷 谷 欲 欲

欲 欲 慾 慾 慾

멋지게 쓰기

私 利 私 慾

멋지게 말하기

이 세상엔 **사리사욕**을 채우려고 사기를 치는
사람들이 많으니 항상 조심해야 한다.

碩果不食

큰 과일은 다 먹지 않고 남긴다는 말로, 자기의
욕심을 버리고 후손들에게 복을 준다는 말.

클 석   부수 : 石

碩 碩

총 14획 　一ナ丆石石石石矿矿碩
碩碩碩碩

실과 과   부수 : 木

果 果

총 8획 　丨冂曰曰旦果果果

아니 불   부수 : 一

不 不

총 4획 　一ブイ不

밥 식   부수 : 食

食 食

총 9획 　丿人今今今今食食食

멋지게 쓰기

碩 果 不 食

멋지게 말하기

국회의원이라면 나라의 미래를 위해 **석과불식**하는
마음으로 정치를 해야 한다.

운심월성

雲心月性

구름 같은 마음과 달 같은 성품이라는 뜻으로,
맑고 깨끗하여 욕심이 없음을 이르는 말.

구름 운   부수 : 雨

雲 雲

총 12획 　一一二千乐乐乐雪雪雪雲雲

마음 심   부수 : 心

心 心

총 4획 　丿心心心

달 월   부수 : 月

月 月

총 4획 　丿月月月

성품 성   부수 : 忄

性 性

총 8획 　丶忄忄忄忄忄性性

멋지게 쓰기

雲 心 月 性

멋지게 말하기

형석이는 예의가 바르고 성품이 좋아 주위
친구들에게 **운심월성**같은 친구라고 얘기를 듣는다.

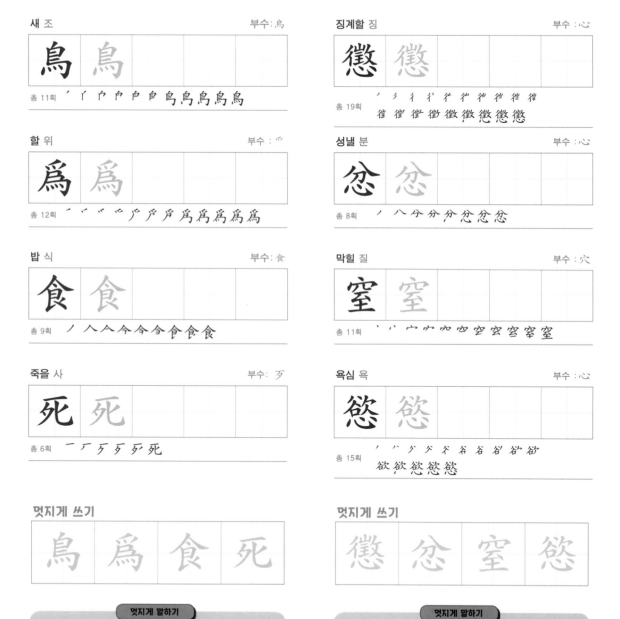

조위식사

鳥爲食死

새가 좋은 먹이를 찾다가 목숨을 잃는다는 뜻으로,
욕심 때문에 몸을 망침을 비유해 이르는 말.

새 조   부수:鳥

鳥 鳥

총 11획 `´ ⺆ ⺆ ⺆ ⺆ ⺈ 鳥 鳥 鳥 鳥 鳥`

할 위   부수:爫

爲 爲

총 12획 `´ ´ ⺁ ⺁ ⺁ ⺁ 爲 爲 爲 爲 爲 爲`

밥 식   부수:食

食 食

총 9획 `ノ 人 ㅅ 今 今 今 食 食 食`

죽을 사   부수:歹

死 死

총 6획 `一 ⺮ ⺶ 歹 歹 死`

징분질욕

懲忿窒慾

분한 생각을 경계하고 욕심을 막는다는 뜻.

징계할 징   부수:心

懲 懲

총 19획 `´ ⺈ ⺈ ⺈ ⺈ ⺈ ⺈ ⺈ 徨 徨 徨 徨 徵 徵 徵 懲 懲 懲`

성낼 분   부수:心

忿 忿

총 8획 `ノ 八 分 分 分 忿 忿 忿`

막힐 질   부수:穴

窒 窒

총 11획 `` ` ⺍ 宀 宀 宊 空 空 窒 窒 窒 窒`

욕심 욕   부수:心

慾 慾

총 15획 `´ ノ ⺍ ⺽ ⺽ 谷 谷 谷 欲 欲 慾 慾 慾 慾 慾`

멋지게 쓰기

鳥 爲 食 死

멋지게 쓰기

懲 忿 窒 慾

멋지게 말하기

성식이는 눈앞의 이익에만 너무 집착한 나머지
조위식사가 되어 일을 망쳐버렸다.

멋지게 말하기

사람이 부귀해지고 지위가 높아질수록
징분질욕해야 자신의 명예를 잘 지켜낼 수 있다.

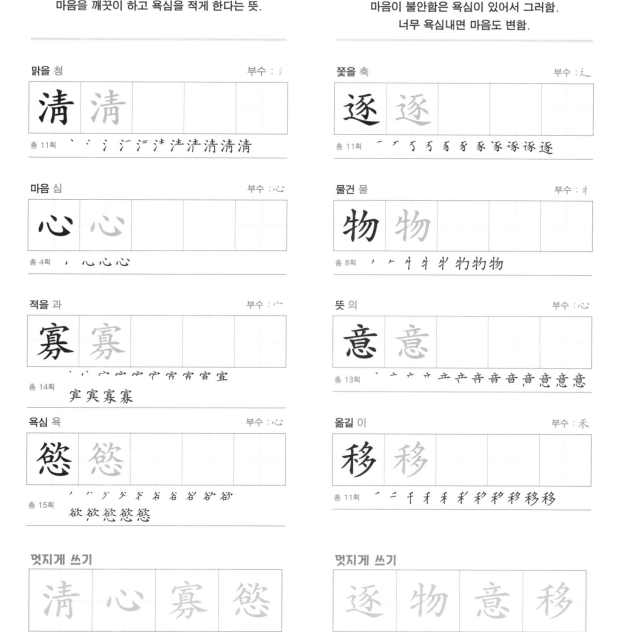

청심과욕
清心寡慾

마음을 깨끗이 하고 욕심을 적게 한다는 뜻.

맑을 청 · 부수 : 氵

清　清

총 11획　　`丶丶氵氵氵洴洴清清清清

마음 심 · 부수 : 心

心　心

총 4획　　`丿心心心

적을 과 · 부수 : 宀

寡　寡

총 14획　　`丶丶宀宀宀宀宎宎宎宣
　　　　　　宲宲寡寡

욕심 욕 · 부수 : 心

慾　慾

총 15획　　`丿丷夕夕夕谷谷谷欲欲
　　　　　　欲欲慾慾慾

멋지게 쓰기

清　心　寡　慾

[멋지게 말하기]

아버지는 가진 것이 많아도 욕심이 많으면 불행하기
쉬우니 행복의 비결은 **청심과욕**에 있다고 강조하셨다.

축물의이
逐物意移

마음이 불안함은 욕심이 있어서 그러함.
너무 욕심내면 마음도 변함.

쫓을 축 · 부수 : 辶

逐　逐

총 11획　　`一丆豕豕豕豕豕逐逐逐逐

물건 물 · 부수 : 牛

物　物

총 8획　　`丿丶牛牛牜牜物物

뜻 의 · 부수 : 心

意　意

총 13획　　`丶亠亠立产音音音音音意意意

옮길 이 · 부수 : 禾

移　移

총 11획　　`一二千禾禾禾秋秋移移移移

멋지게 쓰기

逐　物　意　移

[멋지게 말하기]

누구에게나 욕심은 있게 마련이지만 지나친 욕심은
축물의이하기에, 만족하며 살아가는 것이 좋다.

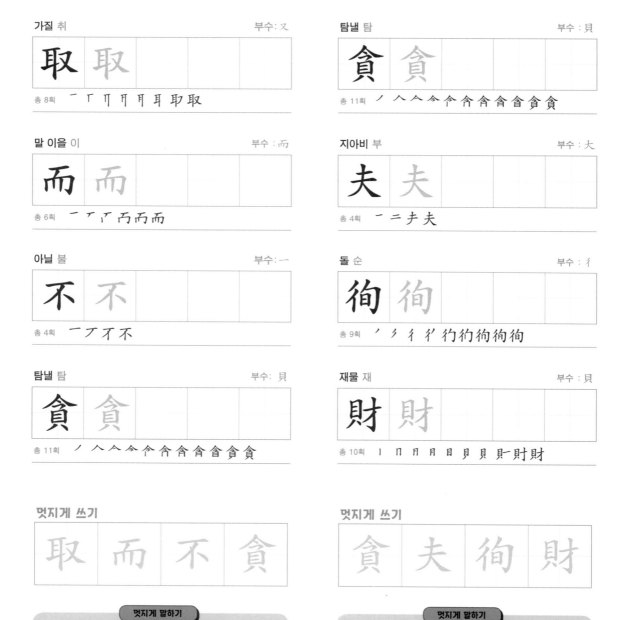

취이불탐

取而不貪

취할 것은 취(取)하지만 탐하거나
욕심내지 않음을 뜻하는 말.

가질 취　　　　　　　　　부수 : 又

取　取

총 8획　一 厂 厂 厂 厅 耳 取 取

말 이을 이　　　　　　　　부수 : 而

而　而

총 6획　一 丁 丆 丙 而 而

아닐 불　　　　　　　　　부수 : 一

不　不

총 4획　一 ア 不 不

탐낼 탐　　　　　　　　　부수 : 貝

貪　貪

총 11획　丿 入 入 今 今 含 含 含 貪 貪 貪

탐부순재

貪夫徇財

욕심 많은 사람은 재물이라면 목숨도
아랑곳하지 않고 좇음을 이르는 말.

탐낼 탐　　　　　　　　　부수 : 貝

貪　貪

총 11획　丿 入 入 今 今 含 含 含 貪 貪 貪

지아비 부　　　　　　　　부수 : 大

夫　夫

총 4획　一 二 丰 夫

돌 순　　　　　　　　　　부수 : 彳

徇　徇

총 9획　丿 夕 彳 彳 彳 衎 徇 徇 徇

재물 재　　　　　　　　　부수 : 貝

財　財

총 10획　丨 冂 冂 月 目 貝 貝 貝 財 財

멋지게 쓰기

取 而 不 貪

멋지게 쓰기

貪 夫 徇 財

멋지게 말하기

어머니는 꼭 필요한 물건만 구입하시고,
취이불탐의 지혜를 몸소 실천하셨다.

멋지게 말하기

공직에 있는 사람이라면 **탐부순재**의 유혹에서
벗어나 청렴결백한 마음으로 공직에 임해야 한다.

평롱망촉
平隴望蜀

인간의 욕심은 한이 없음을 비유해 이르는 말.

평이담백
平易淡白

깨끗하며 욕심이 없는 마음을 뜻하는 말.

평정할 평, 평평할 평　　　부수 : 干

平　平

총 5획　ー ㇑ ㅁ ㅍ 平

평평할 평　　　부수 : 干

平　平

총 5획　ー ㇑ ㅁ ㅍ 平

고개 이름 롱　　　부수 : 阝

隴　隴

총 19획　㇃ ㇓ 阝 阝 阝 阝 阝 阝 阾 隋
隋 隋 隋 隴 隴 隴 隴 隴

쉬울 이, 바꿀 역　　　부수 : 日

易　易

총 8획　㇑ ㅁ ㅁ 日 ㅁ 月 易 易

바랄 망　　　부수 : 月

望　望

총 11획　㇃ ㇑ ㅌ ㅂ ㅂ ㅂ ㅂ ㅂ 望 望 望

맑을 담　　　부수 : 氵

淡　淡

총 11획　㇉ ㇉ 氵 氵 氵 沙 沙 沙 涉 涉 淡

나라 이름 촉, 애벌레 촉　　　부수 : 虫

蜀　蜀

총 13획　㇑ ㅁ ㅁ ㅁ ㅁ ㅁ 무 무 무 쭹 쭹 蜀 蜀

흰 백　　　부수 : 白

白　白

총 5획　㇓ ㇑ 白 白 白

멋지게 쓰기

平　隴　望　蜀

멋지게 쓰기

平　易　淡　白

멋지게 말하기

대기업이 골목상권까지 장악하는 것을 보면,
평롱망촉이라는 말이 절로 나온다.

멋지게 말하기

오늘 선생님께서 우리에게 **평이담백**한
마음으로 살라고 강조하셨다.

갈택이어 : 연못의 물을 말려 고기를 잡는다는
뜻으로, 일시적인 욕심 때문에 먼 장래를
생각하지 않음.

거어지탄 : 수레와 고기가 없음을 탄식한다는
뜻으로, 사람의 욕심에는 한이 없음을 뜻함.

격이행지 : 물을 막아 거꾸로 흘러가게 한다는
뜻으로, 사람의 본성은 착하지만, 욕심이
가로막으면 악하게 됨을 이르는 말.

견물생심 : 물건을 보면 욕심이 생긴다는 뜻.

경시호탈 : 제 것을 남에게 잘 주는 이는
무턱대고 남의 것을 욕심낸다는 말.

계학지욕 : 시냇물이 흐르는 산골짜기의
욕심이라는 뜻으로, 물릴 줄 모르는 한없는
욕심을 비유적으로 이르는 말.

과분지망 : 자기 분수에 지나치는 욕망 또는
욕심을 뜻하는 말.

대욕비도 : 욕심이 많고 무자비함.

득롱망촉 : 농(隴)나라를 얻고 나니
촉(蜀)나라를 갖고 싶다는 뜻으로, 인간의
욕심은 한이 없음을 비유하는 말.

비기지욕 : 자기에게만 이롭게 하려는 욕심을
뜻하는 말.

망촉지탄 : 농(隴)나라를 얻고 나니
촉(蜀)나라를 갖고 싶다는 뜻으로, 인간의
욕심은 한이 없음을 비유하는 말.

사리사욕 : 사사로운 이익과 욕심을 뜻하는
말.

무염지욕 : 만족할 줄 모르는 끝없는 욕심.
한이 없는 욕심.

석과불식 : 큰 과일은 다 먹지 않고 남긴다는
말로, 자기의 욕심을 버리고 후손들에게 복을
준다는 말.

무욕염담 : 욕심이 없이 마음이 깨끗하고
담담함을 뜻하는 말.

운심월성 : 구름 같은 마음과 달 같은
성품이라는 뜻으로, 맑고 깨끗하여 욕심이
없음을 이르는 말.

조위식사 : 새가 좋은 먹이를 찾다가 목숨을 잃는다는 뜻으로, 욕심 때문에 몸을 망침을 비유해 이르는 말.

징분질욕 : 분한 생각을 경계하고 욕심을 막는다는 뜻.

청심과욕 : 마음을 깨끗이 하고 욕심을 적게 한다는 뜻.

축뉼의이 : 마음이 불안함은 욕심이 있어서 그러함. 너무 욕심내면 마음도 변함.

취이불탐 : 취할 것은 취(取)하지만 탐하거나 욕심내지 않음을 뜻하는 말.

탐부순재 : 욕심 많은 사람은 재물이라면 목숨도 아랑곳하지 않고 좇음을 이르는 말.

평롱망촉 : 인간의 욕심은 한이 없음을 비유해 이르는 말.

평이담백 : 깨끗하며 욕심이 없는 마음을 뜻하는 말.

걱정에 물들지 않는 연습부터 해보자!

걱정·근심

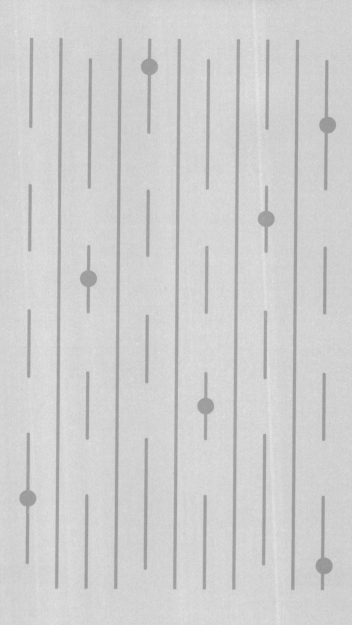

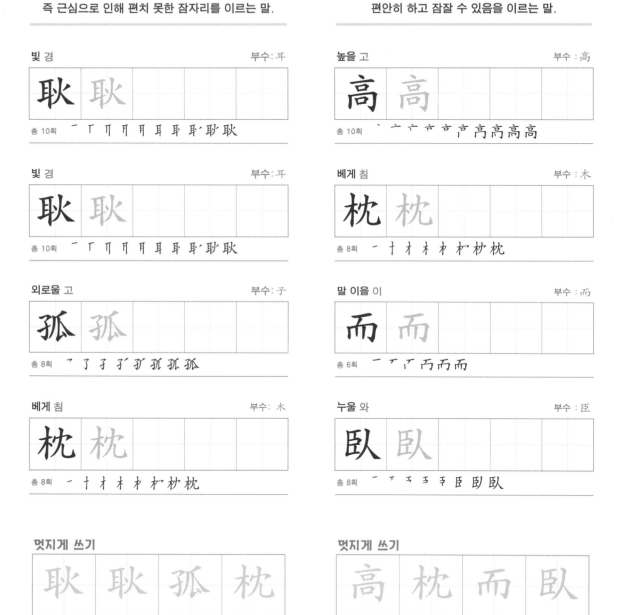

경경고침
耿耿孤枕

근심과 걱정에 싸인 외로운 베갯머리,
즉 근심으로 인해 편치 못한 잠자리를 이르는 말.

빛 경   부수 : 耳

耿 耿

총 10획 一 丁 丌 丌 丌 耳 耳 耵 耿 耿

빛 경   부수 : 耳

耿 耿

총 10획 一 丁 丌 丌 丌 耳 耳 耵 耿 耿

외로울 고   부수 : 子

孤 孤

총 8획 了 了 子 子 孑 孤 孤 孤

베게 침   부수 : 木

枕 枕

총 8획 一 十 才 木 木 朴 朴 枕

멋지게 쓰기

耿 耿 孤 枕

멋지게 말하기

민경이는 빛 독촉에 시달려 어젯밤 **경경고침**하였다.

고침이와
高枕而臥

베개를 높이 하고 누웠다는 뜻으로, 걱정없이 마음을
편안히 하고 잠잘 수 있음을 이르는 말.

높을 고   부수 : 高

高 高

총 10획 丶 亠 亠 古 古 古 高 高 高 高

베게 침   부수 : 木

枕 枕

총 8획 一 十 才 木 木 朴 朴 枕

말 이을 이   부수 : 而

而 而

총 6획 一 丆 斤 而 而 而

누울 와   부수 : 臣

臥 臥

총 8획 一 丆 丐 丐 臣 臣 臥 臥

멋지게 쓰기

高 枕 而 臥

멋지게 말하기

모든 시험이 끝나서, 주말엔 편안한 마음으로
고침이와할 수 있었다.

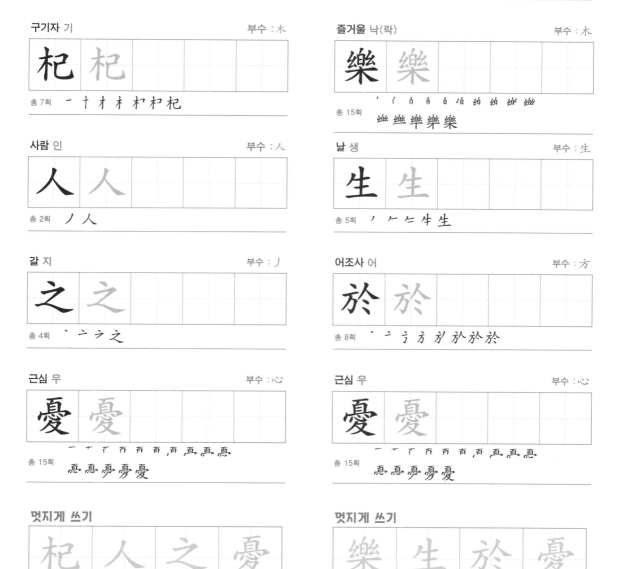

기인지우
杞人之憂

기(杞)나라 사람의 군걱정이란 뜻으로, 곧 쓸데없는
군걱정, 헛걱정, 무익한 근심을 말함.

구기자 기   부수 : 木

杞 杞

총 7획   一 十 才 木 木 杞 杞

사람 인   부수 : 人

人 人

총 2획   丿 人

갈 지   부수 : 丿

之 之

총 4획   丶 亠 ラ 之

근심 우   부수 : 心

憂 憂

총 15획   一 亠 厂 万 百 百 百 眞 眞 憂
憂 憂 憂 憂 憂

멋지게 쓰기

杞 人 之 憂

멋지게 말하기
우리 의지로 해결할 수 없는 일에 대해 신경 쓰는
것은 **기인지우**에 불과하다.

낙생어우
樂生於憂

즐거움은 언제나 걱정하는 데서 나온다는 말로
즐거움은 고생 끝에 생긴다는 의미.

즐거울 낙(락)   부수 : 木

樂 樂

총 15획   丿 亻 白 白 白 自 泊 绐 绐 燅
樂 樂 樂 樂 樂

날 생   부수 : 生

生 生

총 5획   丿 ㅑ 匕 牛 生

어조사 어   부수 : 方

於 於

총 8획   丶 亠 ラ 方 方 於 於 於

근심 우   부수 : 心

憂 憂

총 15획   一 亠 厂 万 百 百 百 眞 眞 憂
憂 憂 憂 憂 憂

멋지게 쓰기

樂 生 於 憂

멋지게 말하기
낙생어우라고 했다. 지금의 고생은 나중에
다 보상받게 될 것이다.

노심초사
勞心焦思

마음을 수고롭게 하고 생각을 너무 깊게 한다는 뜻.

일 할 로(노)   부수: 力

勞　勞

총 12획   ⺀ ⺀ ⺀ ⺀ ⺀ ⺀ ⺀ ⺀ ⺀ 勞 勞

마음 심   부수: 心

心　心

총 4획   ⺀ 心 心 心

탈 초   부수: 灬

焦　焦

총 12획   ⺀ ⺀ ⺀ ⺀ ⺀ ⺀ 佳 佳 隹 焦 焦

생각 사   부수: 心

思　思

총 9획   ⺀ 口 日 田 田 思 思 思

멋지게 쓰기

勞　心　焦　思

멋지게 말하기

경제가 좋지 않은 상황에 건설사들은
미분양 빨간불에 **노심초사**다.

단무타려
斷無他慮

조금이라도 다른 걱정이나 근심이 없음을 뜻하는 말.

끊을 단   부수: 斤

斷　斷

총 18획   ⺀ ⺀ ⺀ ⺀ ⺀ ⺀ ⺀ ⺀ ⺀
絲 絲 斷 斷 斷 斷

없을 무   부수: 灬

無　無

총 12획   ⺀ ⺀ ⺀ ⺀ 無 無 無 無 無 無

다를 타   부수: 亻

他　他

총 5획   ⺀ 亻 仆 他 他

생각할 려(여)   부수: 心

慮　慮

총 15획   ⺀ ⺀ ⺀ 广 卢 虎 虎 虏 虏
虏 虏 慮 慮 慮

멋지게 쓰기

斷　無　他　慮

멋지게 말하기

영호는 늘 웃고 다니는 모습이 **단무타려**한
친구라 할 수 있다.

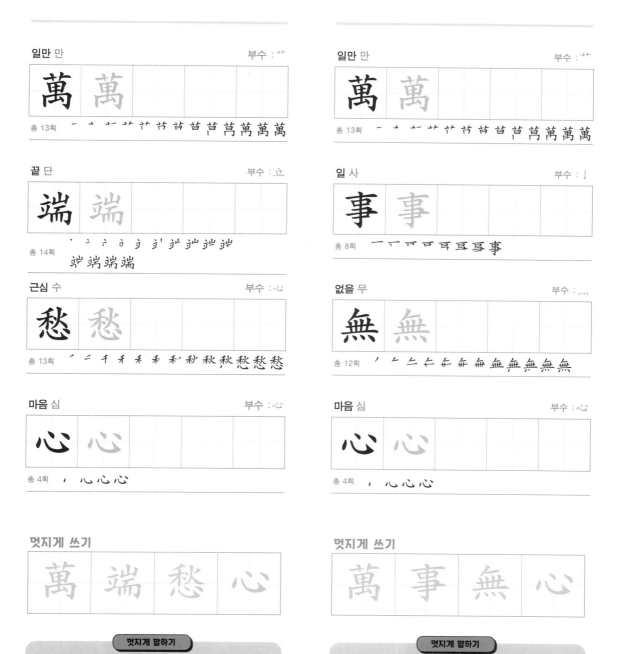

萬端愁心

갖가지 근심과 걱정을 말함.

萬事無心

萬事無心

근심, 걱정으로 모든 일에 아무 경황이 없음을 뜻함.

일만 만　　　　　　　　　　부수 : 艹

萬 萬

총 13획　一 十 十 十 节 节 芦 芦 草 萬 萬 萬 萬

끝 단　　　　　　　　　　부수 : 立

端 端

총 14획　丶 亠 亠 立 立 立 站 站 站 端 端 端 端

근심 수　　　　　　　　　　부수 : 心

愁 愁

총 13획　一 二 千 禾 禾 禾 禾 秒 秋 秋 愁 愁 愁

마음 심　　　　　　　　　　부수 : 心

心 心

총 4획　丶 心 心 心

일만 만　　　　　　　　　　부수 : 艹

萬 萬

총 13획　一 十 十 十 节 节 芦 芦 草 萬 萬 萬 萬

일 사　　　　　　　　　　부수 : 亅

事 事

총 8획　一 一 一 一 写 写 写 事

없을 무　　　　　　　　　　부수 : 灬

無 無

총 12획　丿 仁 仁 仁 午 笛 笛 無 無 無 無 無

마음 심　　　　　　　　　　부수 : 心

心 心

총 4획　丶 心 心 心

멋지게 쓰기

萬 端 愁 心

멋지게 쓰기

萬 事 無 心

멋지게 말하기

김 사장은 대출 금리까지 높아진다면, 회사가
더 어려워 질 것이라며 **만단수심**을 토로했다.

멋지게 말하기

민식이는 **만사무심**으로 회사업무를
못 볼 정도로 경황이 없다.

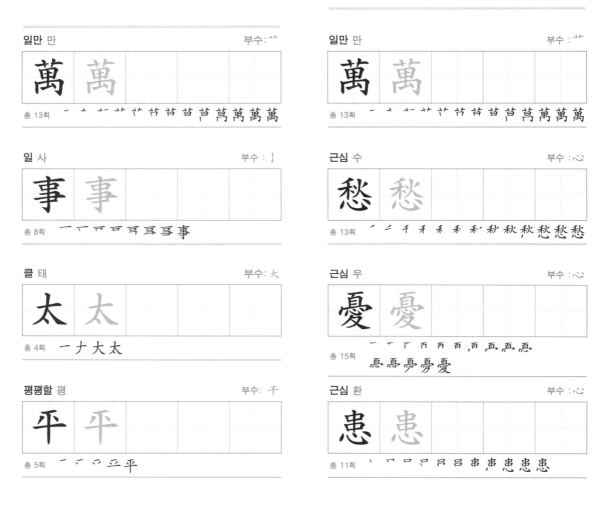

만사태평
萬事太平

어리석어서 모든 일에 아무 걱정이 없이
지냄을 비웃는 말.

일만 만　　　　　　　　　부수:艹

萬	萬		

총 13획　一 十 十 节 节 节 芦 芦 芦 莒 萬 萬 萬

일 사　　　　　　　　　부수:亅

事	事		

총 8획　一 一 一 一 戸 写 写 事

클 태　　　　　　　　　부수:大

太	太		

총 4획　一 ナ 大 太

평평할 평　　　　　　　부수:干

平	平		

총 5획　一 一 一 立 平

만수우환
萬愁憂患

온갖 시름과 근심 걱정을 뜻함.

일만 만　　　　　　　　　부수:艹

萬	萬		

총 13획　一 十 十 节 节 节 芦 芦 芦 莒 萬 萬 萬

근심 수　　　　　　　　　부수:心

愁	愁		

총 13획　一 一 千 禾 禾 禾 利 秋 秋 秋 愁 愁 愁

근심 우　　　　　　　　　부수:心

憂	憂		

총 15획　一 一 一 一 百 百 百 真 真 惪 惪 惪 憂 憂 憂

근심 환　　　　　　　　　부수:心

患	患		

총 11획　丶 丨 口 口 串 吕 串 串 患 患 患

멋지게 쓰기

萬	事	太	平

멋지게 쓰기

萬	愁	憂	患

멋지게 말하기

용호는 내일부터 기말고사인데 공부는 하지 않고
만사태평, 놀고만 있다.

멋지게 말하기

이번에 정부가 발표한 정책은 나라 경제에
만수우환이 될 것이 눈에 훤하다.

무사무려
無思無慮

아무런 생각이나 걱정이 없음을 뜻함.

복심지질
腹心之疾

배나 가슴이 아픈 고치기 어려운 병이라는 뜻으로,
털어 버릴 수 없는 근심과 걱정을 비유해 이르는 말.

없을 무   부수 : 灬

無 無

총 12획   ノ ト ヒ ヒ 午 午 無 無 無 無 無 無

배 복   부수 : 月

腹 腹

총 13획   ノ 几 月 月 月' 刖 胪 胪 腒 腹 腹 腹 腹

생각 사   부수 : 心

思 思

총 9획   ヽ 冂 日 田 田 思 思 思 思

마음 심   부수 : 心

心 心

총 4획   ノ 心 心 心

없을 무   부수 : 灬

無 無

총 12획   ノ ト ヒ ヒ 午 午 無 無 無 無 無 無

갈 지   부수 : ノ

之 之

총 4획   ヽ 亠 ラ 之

생각할 려   부수 : 心

慮 慮

총 15획   ノ ト 广 广 卢 虍 虍 虍 虐
虐 盧 慮 慮 慮

병 질   부수 : 疒

疾 疾

총 10획   ヽ 亠 广 广 疒 疒 疒 疒 疾 疾

멋지게 쓰기

無 思 無 慮

멋지게 쓰기

腹 心 之 疾

멋지게 말하기

새해는 우리 가족 모두 **무사무려**한
해가 되었으면 좋겠다.

멋지게 말하기

시험보고 한 달 내내 우울했는데 합격자 명단에서
이름을 확인하고 나니, 모든 **복심지질**이 사라졌다.

死不瞑目

마음에 맺히고 근심이 되어,
죽어서도 눈을 편히 감지 못함.

죽을 사   부수: 歹

死 死

총 6획   一 ㄏ ㄅ � 歹 死

아닐 불   부수: 一

不 不

총 4획   一 ア オ 不

저물 명   부수: 日

瞑 瞑

총 14획   丨 刀 月 日 日' 日广 日广 日严 暝 暝
暝 暝 暝 瞑

눈 목   부수: 目

目 目

총 5획   丨 冂 月 月 目

消魂斷腸

근심과 슬픔으로 넋이 빠지고,
창자가 끊어지는 듯함.

사라질 소   부수: 氵

消 消

총 10획   丶 丶 氵 氵' 氵" 沪 泸 消 消 消

넋 혼   부수: 鬼

魂 魂

총 14획   一 二 云 云 云 动 动 动 动 动
魂 魂 魂 魂

끊을 단   부수: 斤

斷 斷

총 18획   丶 丶 纟 纟 纟纟 纟纟 纟纟 纟纟 纟纟
纟纟 纟纟 纟纟 丝丝 断' 斷 斷 斷

창자 장   부수: 月

腸 腸

총 13획   丿 刀 月 月 月' 胛 胛 胛 胛 胛 腸 腸 腸

멋지게 쓰기

| 死 | 不 | 瞑 | 目 |

멋지게 쓰기

| 消 | 魂 | 斷 | 腸 |

멋지게 말하기

평생의 원수를 무너뜨리지 못한다면,
사불명목일 것이다.

멋지게 말하기

자식을 먼저 보내는 부모의 마음은
소혼단장일 것이다.

식불감미
食不甘味

근심, 걱정 따위로 음식 맛이 없음을 뜻함.

심복지환
心腹之患

없애기 어려운 걱정이나 우환을 뜻하는 말.

밥 식   부수 : 食

食 食

총 9획   ノ 人 人 今 今 今 食 食 食

아닐 불   부수 : 一

不 不

총 4획   一 ブ ア 不

달 감   부수 : 甘

甘 甘

총 5획   一 十 廿 甘 甘

맛 미   부수 : 口

味 味

총 8획   ノ 口 口 口 口 吽 味 味

마음 심   부수 : 心

心 心

총 4획   ノ 心 心 心

배 복   부수 : 月

腹 腹

총 13획   ノ 几 月 月 月 扩 扩 胪 胪 胪 腹 腹 腹

갈 지   부수 : ノ

之 之

총 4획   、 一 ニ 之

근심 환   부수 : 心

患 患

총 11획   、 口 曱 曱 串 吕 串 串 患 患 患

멋지게 쓰기

食 不 甘 味

멋지게 쓰기

心 腹 之 患

멋지게 말하기

취직 시험에 탈락하고 나니 맛있는
음식을 앞에 두고도 **식불감미**하다.

멋지게 말하기

올해는 사업이 크게 대성해서 깊은 곳에 쌓였던
심복지환을 모두 털어냈으면 좋겠다.

약발통치

若拔痛齒

앓던 이가 빠진 것 같다. 걱정스럽거나
고통스러운 일이 없어져서 매우 시원하다는 뜻.

같을 약 부수 : 艹

若 若

총 9획 　一 十 十 廿 艹 艹 若 若 若

뽑을 발 부수 : 扌

拔 拔

총 8획 　一 十 扌 扌 扩 扚 拔 拔

아플 통 부수 : 疒

痛 痛

총 12획 　丶 亠 广 广 疒 疒 疒 疒 痛 痛 痛 痛

이 치 부수 : 齒

齒 齒

총 15획 　丨 卜 止 止 步 步 步 步 齿 齿
　齿 齿 齿 齒 齒

멋지게 쓰기

若 拔 痛 齒

수년간 풀리지 않던 문제를 해결하고 나니,
약발통치의 쾌감이 느껴졌다.

유비무환

有備無患

준비가 있으면 근심이 없다는 뜻으로,
미리 준비가 되어 있으면 우환을 당하지 아니함.

있을 유 부수 : 月

有 有

총 6획 　一 ナ 才 有 有 有

갖출 비 부수 : 亻

備 備

총 12획 　丿 亻 亻 亻 仵 仵 伊 伊 俏 備 備 備

없을 무 부수 : 灬

無 無

총 12획 　丿 亠 亠 仁 仁 竏 無 無 無 無 無 無

근심 환 부수 : 心

患 患

총 11획 　丶 口 口 尸 吕 吕 串 串 患 患 患

멋지게 쓰기

지진과 같은 자연재해에 대비해 **유비무환**을
실천하는 것이 중요하다고 생각한다.

인자불우

仁者不憂

어진 사람은 도리에 따라 행하고 양심에
거리낌이 없으므로 근심을 하지 않음.

일조지환

一朝之患

갑자기 덮치는 근심과 재앙을 뜻하는 말.

어질 인   부수 : 亻

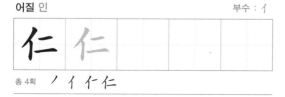

仁   仁

총 4획   ノ 亻 亻 仁

한 일   부수 : 一

一   一

총 12획   一

놈 자   부수 : 耂

者   者

총 9획   一 十 土 耂 耂 者 者 者

아침 조   부수 : 月

朝   朝

총 12획   一 十 十 古 古 占 占 直 卓 軺 朝 朝朝

아니 불   부수 : 一

不   不

총 4획   一 プ 不 不

갈 지   부수 : 丿

之   之

총 4획   丶 亠 ク 之

근심 우   부수 : 心

憂   憂

一 厂 厂 丙 丙 百 百 直 直 惪
총 15획
惪 惪 夢 夢 憂

근심 환   부수 : 心

患   患

총 11획   丶 口 口 口 吕 吕 串 串 患 患 患

멋지게 쓰기

仁 者 不 憂

멋지게 쓰기

一 朝 之 患

> **멋지게 말하기**

인자불우를 실천하는 사람들에게는
삶의 어려움이 사라진다.

> **멋지게 말하기**

어느 날 일시적으로 내 마음을 흔들고 지나가는
일조지환에 굴복해서는 안된다.

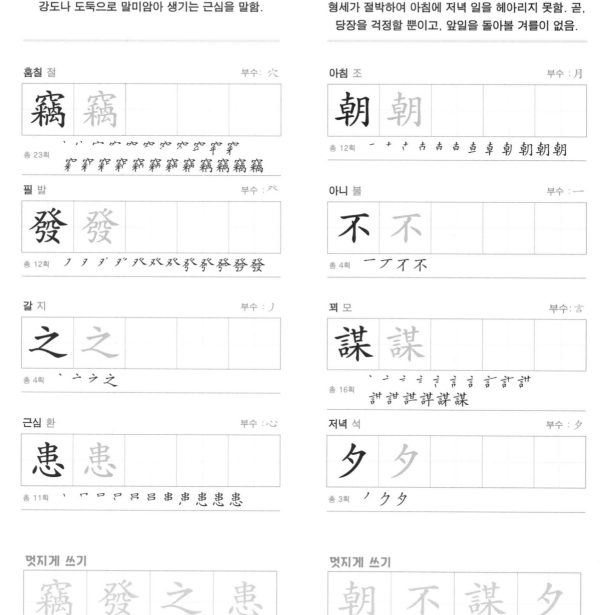

절발지환
竊發之患

강도나 도둑으로 말미암아 생기는 근심을 말함.

훔칠 절   부수: 穴

竊	竊			

총 23획   丶丷宀宀宎宎穷穷空穷穷穷穷穷竊竊竊竊竊竊竊竊竊

필 발   부수: 癶

發	發			

총 12획   フ ⁊ ㇇ ㇗ 癶 癶 癶 發 發 發 發 發

갈 지   부수: 丿

之	之			

총 4획   丶 ㇇ ㇇ 之

근심 환   부수: 心

患	患			

총 11획   丶 丨 ㅁ ㅁ ㅁ 吕 吕 串 患 患 患

멋지게 쓰기

竊	發	之	患

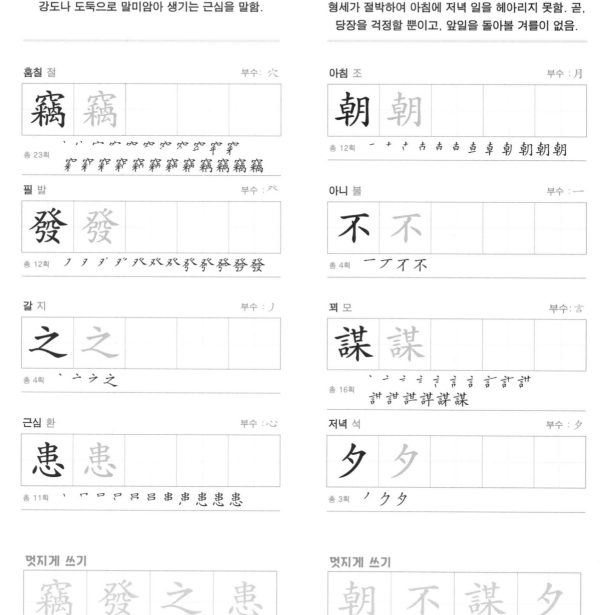

멋지게 말하기
저번에 비싼 시계를 도난당하고 나서, 혹시 다른
물건이 없어지지 않을까 **절발지환**을 겪고 있다.

조불모석
朝不謀夕

형세가 절박하여 아침에 저녁 일을 헤아리지 못함. 곧,
당장을 걱정할 뿐이고, 앞일을 돌아볼 겨를이 없음.

아침 조   부수: 月

朝	朝			

총 12획   一 十 ナ 古 古 古 直 卓 朝 朝 朝 朝

아니 불   부수: 一

不	不			

총 4획   一 ㄱ 才 不

꾀 모   부수: 言

謀	謀			

총 16획   丶 一 一 言 言 言 言 言 訂 計 謀 謀 謀 謀 謀 謀

저녁 석   부수: 夕

夕	夕			

총 3획   ノ ク 夕

멋지게 쓰기

朝	不	謀	夕

멋지게 말하기
나의 처지가 **조불모석**이라,
지금 다른 생각을 할 여력이 없다.

110

좌불안석
坐不安席

마음이 불안하거나 걱정스러워 자리에 가만히
앉아 있지 못하고 안절부절하는 모양.

초심고려
焦心苦慮

마음을 태우며 괴롭게 염려함을 뜻함.

앉을 좌　　　　　　　　　부수 : 土

坐　坐

총 7획　丿 丿 屮 屮 尘 坐 坐

탈 초　　　　　　　　　부수 : 灬

焦　焦

총 12획　丿 亻 亻 亻 亻 亻 隹 隹 焦 焦 焦

아니 불　　　　　　　　　부수 : 一

不　不

총 4획　一 丆 丆 不

마음 심　　　　　　　　　부수 : 心

心　心

총 4획　丿 心 心 心

편안할 안　　　　　　　　　부수 : 宀

安　安

총 6획　丶 丶 宀 宀 安 安

쓸 고　　　　　　　　　부수 : 艹

苦　苦

총 9획　一 丅 丅 艹 艹 芒 芐 苦 苦

자리 석　　　　　　　　　부수 : 巾

席　席

총 10획　丶 亠 广 广 庐 庐 庐 庐 席 席

생각할 려(여)　　　　　　　　　부수 : 心

慮　慮

총 15획　丶 丶 卜 广 广 庐 虍 虍 虍 虘 虙 慮 慮 慮 慮

멋지게 쓰기

坐　不　安　席

멋지게 쓰기

焦　心　苦　慮

측석이좌
側席而坐

자리를 비켜서 옆으로 앉는다는 뜻으로, 마음속에
근심이 있어 앉은 자리가 편하지 않음을 일컫는 말.

곁 측　　　　　　　　　　부수: 亻

| 側 | 側 | | | | |

총 11획　ノ 亻 亻 们 们 伊 伊 侧 侧 側 側

자리 석　　　　　　　　　부수 : 巾

| 席 | 席 | | | | |

총 10획　丶 亠 广 广 庐 庐 庐 庐 席 席

말 이을 이　　　　　　　부수:而

| 而 | 而 | | | | |

총 6획　一 ナ 丆 而 而 而

앉을 좌　　　　　　　　부수: 土

| 坐 | 坐 | | | | |

총 7획　ノ 人 从 从 丛 坐 坐

멋지게 쓰기

| 側 | 席 | 而 | 坐 |

침실지우
寢室之憂

자기 분수에 넘치는 일을
근심함을 이르는 말.

잘 침　　　　　　　　　부수:宀

| 寢 | 寢 | | | | |

총 14획　丶 丷 宀 宀 宀 宇 宇 宰 宰 寍 寍
寢 寢

집 실　　　　　　　　　부수 : 宀

| 室 | 室 | | | | |

총 9획　丶 丷 宀 宀 宀 宏 宏 室 室

갈 지　　　　　　　　　부수 : 丿

| 之 | 之 | | | | |

총 4획　丶 一 ㇈ 之

근심 우　　　　　　　　부수:心

| 憂 | 憂 | | | | |

총 15획　一 丆 ㄃ 币 币 币 百 百 真 真 惪
惪 惪 憂 憂 憂

멋지게 쓰기

| 寢 | 室 | 之 | 憂 |

침식불안

寢食不安

자도 걱정 먹어도 걱정이라는 뜻으로,
몹시 걱정이 많음을 이르는 말.

잘 침　　　　　　　　　　부수 : 宀

寢 寢

총 14획　丶丶宀宀宀宀宀宀宀
宀宀宀寢寢

밥 식　　　　　　　　　　부수 : 食

食 食

총 9획　丿人人今今今食食食

아닐 불　　　　　　　　　　부수:一

不 不

총 4획　一ブオ不

편안한 안　　　　　　　　　　부수 : 宀

安 安

총 6획　丶丶宀宀安安

멋지게 쓰기

寢 食 不 安

멋지게 말하기

며칠간 **침식불안** 상태로 지내다 보니
살이 쭉 빠졌다.

탐란지환

探卵之患

알을 찾는 근심이라는 뜻으로, 어미 새가 나간 뒤에
보금자리의 알을 잃을까봐 염려함을 이르는 말.

찾을 탐　　　　　　　　　　부수 : 扌

探 探

총 11획　一扌扌扌扩扩扞扞探探探

알 란　　　　　　　　　　부수 : 卩

卵 卵

총 7획　丶ㄈㄷ�卵

갈 지　　　　　　　　　　부수 : 丿

之 之

총 4획　丶一ㄫ之

근심 환　　　　　　　　　　부수 : 心

患 患

총 11획　丶ㄇ口口吕吕串串患患患

멋지게 쓰기

探 卵 之 患

멋지게 말하기

집에 숨겨둔 비밀 자금을 들킬까봐 요즘
탐란지환하고 있다.

113

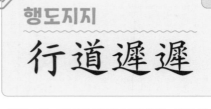

痛心疾首

마음을 앓고 골치를 앓는다는 뜻으로,
몹시 걱정함을 이르는 말.

行道遲遲

길을 걷는 걸음이 더디고 더디다는 뜻으로,
마음에 근심과 슬픔이 있음을 이르는 말.

아플 통　　　　부수 : 疒

총 12획　`一广广疒疒疒疒痏病痏痛

마음 심　　　　부수 : 心

心　心

총 4획　丶心心心

병 질　　　　부수 : 疒

총 10획　丶一广广疒疒疒疒疾疾

머리 수　　　　부수 : 首

首　首

총 9획　丶丷丷꺅꺅首首首首

갈 행　　　　부수 : 行

行　行

총 6획　丿彳彳彳行行

길 도　　　　부수 : 辶

道　道

총 13획　丶丷꺅丷首首首首首道道道

늦을 지　　　　부수 : 辶

遲　遲

총 16획　フコア尸尸尸尸尸屖屖
屖犀犀渥渥遲

늦을 지　　　　부수 : 辶

遲　遲

총 16획　フコア尸尸尸尸尸屖屖
屖犀犀渥渥遲

멋지게 쓰기

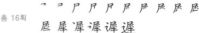

痛　心　疾　首

멋지게 쓰기

行　道　遲　遲

멋지게 말하기

요즘, 친구와의 돈 문제로 **통심질수**하고 있다.

멋지게 말하기

어머니께 크게 혼나서,
하루종일 발걸음이 **행도지지**하다.

경경고침 : 근심과 걱정에 싸인 외로운 베갯머리, 즉 근심으로 인해 편치 못한 잠자리를 이르는 말.

고침이와 : 베개를 높이 하고 누웠다는 뜻으로, 걱정없이 마음을 편안히 하고 잠잘 수 있음을 이르는 말.

기인지우 : 기(杞)나라 사람의 군걱정이란 뜻으로, 곧 쓸데없는 군걱정, 헛걱정, 무익한 근심을 말함.

낙생어우 : 즐거움은 언제나 걱정하는 데서 나온다는 말로 즐거움은 고생 끝에 생긴다는 의미.

노심초사 : 마음을 수고롭게 하고 생각을 너무 깊게 한다는 뜻.

단무타려 : 조금이라도 다른 걱정이나 근심이 없음을 뜻하는 말.

만단수심 : 갖가지 근심과 걱정을 말함.

만사무심 : 근심, 걱정으로 모든 일에 아무 경황이 없음을 뜻함.

만사태평 : 어리석어서 모든 일에 아무 걱정이
없이 지냄을 비웃는 말.

사불명목 : 마음에 맺히고 근심이 되어,
죽어서도 눈을 편히 감지 못함.

만수우환 : 온갖 시름과 근심 걱정을 뜻함.

소혼단장 : 근심과 슬픔으로 넋이 빠지고,
창자가 끊어지는 듯함.

무사무려 : 아무런 생각이나 걱정이 없음을
뜻함.

식불감미 : 근심, 걱정 따위로 음식 맛이
없음을 뜻함.

복심지질 : 배나 가슴이 아픈 고치기 어려운
병이라는 뜻으로, 털어 버릴 수 없는 근심과
걱정을 비유해 이르는 말.

심복지환 : 없애기 어려운 걱정이나 우환을
뜻하는 말.

116

약발통치 : 앓던 이가 빠진 것 같다. 걱정스럽거나 고통스러운 일이 없어져서 매우 시원하다는 뜻.

유비무환 : 준비가 있으면 근심이 없다는 뜻으로, 미리 준비가 되어 있으면 우환을 당하지 아니함.

인자불우 : 어진 사람은 도리에 따라 행하고 양심에 거리낌이 없으므로 근심을 하지 않음.

일조지환 : 갑자기 덮치는 근심과 재앙을 뜻하는 말.

절발지환 : 강도나 도둑으로 말미암아 생기는 근심을 말함.

조불모석 : 형세가 절박하여 아침에 저녁 일을 헤아리지 못함. 곧, 당장을 걱정할 뿐이고, 앞일을 돌아볼 겨를이 없음.

좌불안석 : 마음이 불안하거나 걱정스러워 자리에 가만히 앉아 있지 못하고 안절부절하는 모양.

초심고려 : 마음을 태우며 괴롭게 염려함을 뜻함.

측석이좌 : 자리를 비켜서 옆으로 앉는다는 뜻으로, 마음속에 근심이 있어 앉은 자리가 편하지 않음을 일컫는 말.

탐란지환 : 알을 찾는 근심이라는 뜻으로, 어미 새가 나간 뒤에 보금자리의 알을 잃을까봐 염려함을 이르는 말.

침실지우 : 자기 분수에 넘치는 일을 근심함을 이르는 말.

통심질수 : 마음을 앓고 골치를 앓는다는 뜻으로, 몹시 걱정함을 이르는 말.

침식불안 : 자도 걱정 먹어도 걱정이라는 뜻으로, 몹시 걱정이 많음을 이르는 말.

행도지지 : 길을 걷는 걸음이 더디고 더디다는 뜻으로, 마음에 근심과 슬픔이 있음을 이르는 말.

은혜에 보답하는 것은 자신의 덕을 쌓는 길

은혜

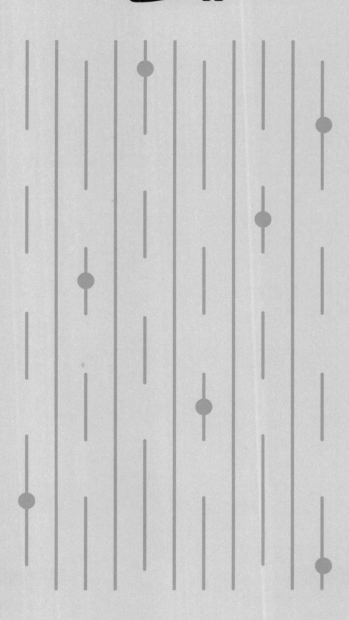

刻骨難忘

입은 은혜에 대한 고마운 마음이 뼈에까지
사무쳐 잊혀지지 아니함.

새길 각　　　　　　　부수 : 刂

刻　刻

총 8획　丶　一　亠　亥　亥　亥　刻　刻

뼈 골　　　　　　　부수 : 骨

骨　骨

총 10획　丨　冂　冂　冎　冎　咼　骨　骨　骨　骨

어려울 난　　　　　　부수 : 隹

難　難

총 19획　一　十　廿　廿　艹　苩　莒　苣　茧　茣
茣　茣　茣　蓳　菓　菓　難　難　難

잊을 망　　　　　　　부수 : 心

忘　忘

총 7획　丶　亠　亡　亡　忘　忘　忘

멋지게 쓰기

刻　骨　難　忘

刻骨銘心

뼈에 새기고 마음에 새긴다는 뜻으로,
마음속 깊이 새겨 두고 잊지 아니함.

새길 각　　　　　　　부수 : 刂

刻　刻

총 8획　丶　一　亠　亥　亥　亥　刻　刻

뼈 골　　　　　　　부수 : 骨

骨　骨

총 10획　丨　冂　冂　冎　冎　咼　骨　骨　骨　骨

새길 명　　　　　　　부수 : 金

銘　銘

총 14획　丿　人　卜　乍　牟　宇　余　金　釒　釒
釒　釴　銘　銘

마음 심　　　　　　　부수 : 心

心　心

총 4획　丿　心　心　心

멋지게 쓰기

刻　骨　銘　心

갈자이음
渴者易飮

목이 마른 자는 무엇이든 잘 마신다는 뜻으로, 곤궁한 사람은 은혜에 감복하기 쉬움을 비유해 이르는 말.

목마를 갈　　　　　　부수 : 氵

渴　渴

총 12획　丶丶氵氵沪沪沪渇渇渇渇渇

놈 자　　　　　　부수 : 耂

者　者

총 9획　一十土耂耂者者者者

쉬울 이, 바꿀 역　　　　　　부수 : 日

易　易

총 8획　丨口日日月月易易

마실 음　　　　　　부수 : 𩙿

飮　飮

총 13획　ノ人𠂊今今𠆢𠆢𩚏𩚖𩚖飮飮飮

멋지게 쓰기

渴　者　易　飮

결사보국
決死報國

죽을 각오를 하고 나라의 은혜에 보답함.

결단할 결　　　　　　부수 : 氵

決　決

총 7획　丶丶氵氵汩汩決

죽을 사　　　　　　부수 : 歹

死　死

총 6획　一厂歹歹死死

갚을 보　　　　　　부수 : 土

報　報

총 12획　一十土去去幸幸幸幸報報報

나라 국　　　　　　부수 : 囗

國　國

총 11획　丨冂冂同同同國國國國

멋지게 쓰기

決　死　報　國

결초보은

結草報恩

풀을 묶어서 은혜를 갚는다는 뜻으로,
죽어 혼이 되더라도 입은 은혜를 잊지 않고 갚음.

맺을 결   부수:糸

結 結

총 12획   ⺓ ⺓ ⺓ ⺓ 糸 糸 紅 紝 紝 結 結

풀 초   부수:艹

草 草

총 10획   一 艹 艹 艹 艹 芦 芦 苩 莒 草

갚을 보   부수:土

報 報

총 12획   一 十 土 丰 幸 幸 幸 郣 報 報

은혜 은   부수:心

恩 恩

총 10획   丨 冂 冃 因 因 因 ,因 恩 恩 恩

멋지게 쓰기

結 草 報 恩

멋지게 말하기

그녀는 자신이 받은 은혜를 **결초보은**하듯
열심히 일하며 보답하려 했다.

난망지은

難忘之恩

잊을 수 없는 은혜를 뜻하는 말.

어려울 난   부수:隹

難 難

총 19획   一 十 艹 艹 艹 苫 苫 莒 萱 莫
莫 菓 蓳 蓳 蔂 蔴 蓷 難 難

잊을 망   부수:心

忘 忘

총 7획   丶 亠 亡 亡 忘 忘 忘

갈 지   부수:丿

之 之

총 4획   丶 ㇀ 之 之

은혜 은   부수:心

恩 恩

총 10획   丨 冂 冃 因 因 因 ,因 恩 恩 恩

멋지게 쓰기

難 忘 之 恩

멋지게 말하기

선생님의 가르침 덕분에 시험에 합격했어요, 이런
난망지은의 은혜는 어떻게 갚아야 할지 모르겠어요.

만세불망
萬世不忘

영원히 은혜나 은덕을 잊지 아니함.

일 만 만　　　　　　　　　　　　부수: 艹

萬	萬		

총 13획　一十卄艹艹节芦苩萬萬萬萬

인간 세　　　　　　　　　　　　부수: 一

世	世		

총 5획　一十卅丗世

아닐 불　　　　　　　　　　　　부수: 一

不	不		

총 4획　一丆不不

잊을 망　　　　　　　　　　　　부수: 心

忘	忘		

총 7획　丶亠亡忘忘忘忘

멋지게 쓰기

萬	世	不	忘

멋지게 말하기

할머니가 나를 키워주신 덕분에 지금까지 성장할 수 있었고, 그 은혜를 **만세불망**하며 갚겠습니다.

망극지은
罔極之恩

임금이나 부모의 한없는 은혜를 뜻하는 말.

없을 망　　　　　　　　　　　　부수: 罒

罔	罔		

총 8획　丨冂冂冈冈冈冈罔

극진할 극　　　　　　　　　　　부수: 木

極	極		

총 13획　一十才木朽朽朽柯柯極極極

갈 지　　　　　　　　　　　　　부수: 丿

之	之		

총 4획　丶一ラ之

은혜 은　　　　　　　　　　　　부수: 心

恩	恩		

총 10획　丨冂冃冈因因因恩恩恩

멋지게 쓰기

罔	極	之	恩

멋지게 말하기

이 나라를 지키는 용사들에게 우리 모두가 느끼는 것은 **망극지은**의 은혜일 것입니다.

123

撫育之恩

잘 돌보아 고이 길러 준 은혜를 말함.

어루만질 무   부수 : 扌

撫   撫

총 15획   一 十 扌 扌 扩 扩 扩 扩 扩 撫 撫 撫 撫 撫 撫

기를 육   부수 : 月

育   育

총 8획   一 亠 云 云 产 育 育 育

갈 지   부수 : 丿

之   之

총 4획   丶 亠 ㄱ 之

은혜 은   부수 : 心

恩   恩

총 9획   丨 冂 冂 冃 冈 因 因 恩 恩 恩

멋지게 쓰기

撫	育	之	恩

멋지게 말하기

부모님의 **무육지은**을 어떻게 보답할 수 있을까 고민하던 어느 날, 나는 교사가 되기로 결심했습니다.

博施濟衆

사랑과 은혜를 널리 베풀어 뭇사람을 구제함.

넓을 박   부수 : 十

博   博

총 12획   一 十 忄 忄 忄 忄 忄 博 博 博 博 博

베풀 시   부수 : 方

施   施

총 9획   丶 亠 方 方 方 方 施 施 施

구할 제   부수 : 氵

濟   濟

총 17획   丶 丷 氵 氵 汶 汶 泸 泸 浐 浐 濟 濟 濟 濟 濟 濟 濟

무리 중   부수 : 血

衆   衆

총 12획   丶 亻 冖 血 血 血 血 甲 界 界 衆 衆

멋지게 쓰기

博	施	濟	衆

멋지게 말하기

내가 은혜를 받아 성공한 만큼 이제는 어려운 사람들에게 **박시제중**하며 살아야 겠다.

반포지효
反哺之孝

까마귀 새끼가 자라서 늙은 어미에게 먹이를
물어다 주는 효심이라는 뜻.

돌이킬 반   부수 : 又

총 4획   一 厂 反 反

먹일 포   부수 : 口

총 10획   丨 ㅁ ㅁ 吓 吓 吋 哺 哺 哺

갈 지   부수 : 丿

총 4획   丶 一 ㅋ 之

효도 효   부수 : 子

총 7획   一 十 土 耂 耂 孝 孝

백골난망
白骨難忘

죽어도 잊지 못할 큰 은혜를 입음이란 뜻으로, 남에게
큰 은혜나 덕을 입었을 때 고마움을 표시하는 말.

흰 백   부수 : 白

총 5획   丿 丿 白 白 白

뼈 골   부수 : 骨

총 10획   丨 ㅁ 冎 冎 冎 咼 骨 骨 骨

어려울 난   부수 : 隹

총 19획   一 十 廿 廿 苩 荳 荳 堇 堇 菓

菓 菓 菓 菓 菓 菓 難 難 難

잊을 망   부수 : 心

총 7획   丶 亠 亡 亡 忘 忘 忘

멋지게 쓰기

멋지게 쓰기

멋지게 말하기

그는 자신의 성공을 부모님께 돌려드리기 위해
늘 **반포지효**를 실천하며 살고 있다.

멋지게 말하기

아버지의 가르침이 **백골난망**이 되어,
내 인생의 지침이 되었다.

백배치은
百拜致恩

여러 번 절하면서 입은 은혜를 고마워한다는 뜻.

일백 백　　　　　　　부수:白

百　百

총 5획　一 丆 丆 丆 百 百

절 배　　　　　　　부수:手

拜　拜

총 9획　一 二 三 手 手 手 拜 拜 拜

이를 치　　　　　　　부수:至

致　致

총 10획　一 二 三 至 至 至 到 致

은혜 은　　　　　　　부수:心

恩　恩

총 10획　１ 冂 冃 因 因 因 因 恩 恩 恩

보본반시
報本反始

자신이 태어난 근본이 되는 선조의 은혜에
보답한다는 뜻.

갚을 보　　　　　　　부수:土

報　報

총 12획　一 十 土 キ 去 去 查 幸 幸 報 報 報

근본 본　　　　　　　부수:木

本　本

총 5획　一 十 才 木 本

돌이킬 반　　　　　　　부수:又

反　反

총 4획　一 厂 反 反

비로소 시　　　　　　　부수:女

始　始

총 8획　乆 夕 女 女 女 妒 始 始

멋지게 쓰기

百　拜　致　恩

멋지게 쓰기

報　本　反　始

멋지게 말하기

사람들 앞에서 체면을 지켜주었더니,
그가 **백배치은** 감사를 표했다.

멋지게 말하기

아버지께서는 명절 때가 되면 고향에 내려가 조상님과
어른들께 **보본반시**를 실천하신다.

126

보이국사
報以國士

남을 국사로 대우하면 자기도 또한 국사로서 대접
받는다는 뜻으로, 지기의 은혜에 감동함을 이르는 말.

갚을 보   부수 : 土

報　報

총 12획　一 十 士 吉 吉 幸 幸 幸 報 報 報 報

써 이   부수 : 人

以　以

총 5획　丨 丨 レ 以 以

나라 국   부수 : 囗

國　國

총 11획　丨 冂 冃 厄 同 同 同 國 國 國 國

선비 사   부수 : 士

士　士

총 3획　一 十 士

불비지혜
不費之惠

자기에게는 해가 될 것이 없어도 남에게는
이익이 될 만하게 베풀어 주는 은혜.

아닐 불   부수 : 一

不　不

총 4획　一 ブ ブ 不

쓸 비   부수 : 貝

費　費

총 12획　一 フ 弓 弓 弗 弗 弗 費 費 費 費 費

갈 지   부수 : 丿

之　之

총 4획　丶 一 ラ 之

은혜 혜   부수 : 心

惠　惠

총 12획　一 一 一 一 百 申 車 車 車 惠 惠 惠

멋지게 쓰기

報　以　國　士

멋지게 쓰기

不　費　之　惠

멋지게 말하기

그는 어려울때 도와주었던 친구에게 회사의 중요한
직책을 맡기며 **보이국사**의 마음을 전했다.

멋지게 말하기

슬비는 회사 프로젝트에 참여하고 싶었지만 자기보다 능력이
더 뛰어난 형빈이를 **불비지혜**의 마음으로 추천하였다.

不因人熱

사람의 열로써 밥을 짓지 않는다는 뜻으로, 남에게
은혜를 입는 것을 떳떳하게 여기지 않음을 이르는 말.

아닐 불   부수 : 一

총 4획 一 ㄱ ㄱ 不

인할 인   부수 : 口

총 6획 丨 冂 冂 冈 因 因

사람 인   부수 : 人

총 2획 丿 人

더울 열   부수 : 灬

총 15획 一 十 土 圥 圥 坴 埶 埶 剗 剚
執 執 執 執 熱

멋지게 쓰기

不 因 人 熱

멋지게 말하기
내가 스스로 강해져서
불인인열하는 사람이 되겠다.

受恩罔極

입은 은혜가 그지없음.

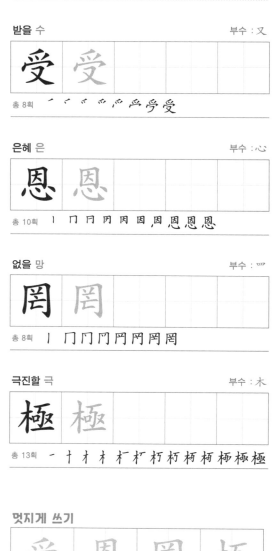

받을 수   부수 : 又

총 8획 ⺈ ⺈ ⺈ ⺈ 严 严 受 受

은혜 은   부수 : 心

총 10획 丨 冂 冂 冈 因 因 因 恩 恩 恩

없을 망   부수 : 罒

총 8획 丨 冂 冂 冂 冈 冈 罔 罔

극진할 극   부수 : 木

총 13획 一 十 才 木 朾 朾 朾 柯 柯 極 極 極 極

멋지게 쓰기

受 恩 罔 極

멋지게 말하기

수은망극하여 말로써는 감사를 표할 길이 없습니다.

128

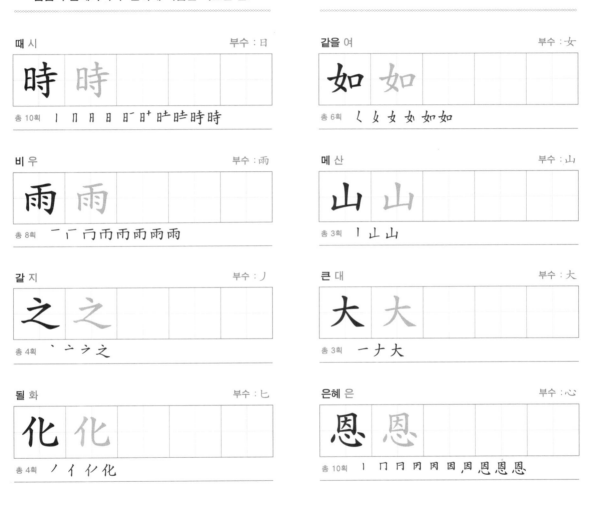

시우지화
時雨之化

철 맞추어 내리는 비로 초목이 자란다는 뜻으로, 임금의 은혜가 두루 천하에 미침을 이르는 말.

때 시 부수 : 日

時	時			

총 10획 丨 冂 月 日 日' 日+ 日土 日土 時 時

비 우 부수 : 雨

雨	雨			

총 8획 一 丆 冂 帀 币 雨 雨 雨

갈 지 부수 : 丿

之	之			

총 4획 丶 亠 ㇇ 之

될 화 부수 : 匕

化	化			

총 4획 丿 亻 亻' 化

멋지게 쓰기

時	雨	之	化

멋지게 말하기

나라의 군주는 백성에게 **시우지화**가 미치도록 두루 살피고 보살펴야 한다.

여산대은
如山大恩

산 만큼이나 크고 많은 은혜를 말함.

같을 여 부수 : 女

如	如			

총 6획 ㇛ 女 女 如 如 如

메 산 부수 : 山

山	山			

총 3획 丨 山 山

큰 대 부수 : 大

大	大			

총 3획 一 ナ 大

은혜 은 부수 : 心

恩	恩			

총 10획 丨 冂 冃 冃 因 因 恩 恩 恩 恩

멋지게 쓰기

如	山	大	恩

멋지게 말하기

여산대은을 입고도 그 은혜를 갚지 않는다면, 어찌 사람이라고 할 수 있겠는가?

오조사정

烏鳥私情

까마귀가 새끼 적에 어미가 길러 준
은혜를 갚는 사사로운 애정을 뜻하는 말.

까마귀 오　　　　　　　　부수 : 灬

烏　烏

총 10획　´ ⺈ ⼾ ⼾ ⼾ 烏 烏 烏 烏 烏

새 조　　　　　　　　　부수 : 鳥

鳥　鳥

총 11획　´ ⺈ ⼾ ⼾ ⼾ ⾃ 鳥 鳥 鳥 鳥 鳥

사사 사　　　　　　　　　부수 : 禾

私　私

총 7획　´ ⼆ ⼲ ⽲ ⽲ 私 私

뜻 정　　　　　　　　　부수 : 忄

情　情

총 11획　` ` ⺊ ⼁ ⼁ 忄 忄 情 情 情 情

멋지게 쓰기

烏　鳥　私　情

우리는 부모님에게 받은 은혜를 잊지 말고,
오조사정의 마음으로 그들을 돌봐야 합니다.

우로지은

雨露之恩

비와 이슬이 만물을 기르는 것처럼
은혜가 골고루 미침을 이르는 말.

비 우　　　　　　　　　부수 : 雨

雨　雨

총 8획　⼀ ⼀ ⼌ ⾬ 雨 雨 雨 雨

이슬 로　　　　　　　　부수 : 雨

露　露

총 21획　´ ⼀ ⼂ ⾬ 雨 雨 雫 雫 雫 雫
雫 雫 雫 雫 雫 雫 露 露 露 露 露

갈 지　　　　　　　　　부수 : 丿

之　之

총 4획　` ⼀ ⼂ 之

은혜 은　　　　　　　　부수 : 心

恩　恩

총 10획　⼁ ⼌ ⼌ ⼞ ⼞ 因 因 恩 恩 恩

멋지게 쓰기

雨　露　之　恩

멋지게 말하기

정부의 훌륭한 경제 정책은
기업인들에게 **우로지은**이 될 수 있다.

130

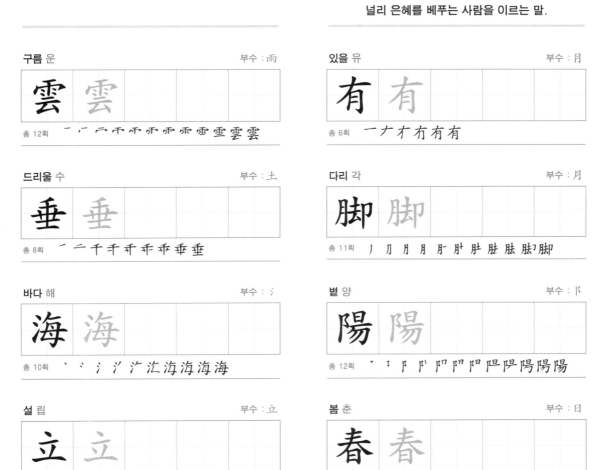

운수해립

雲垂海立

임금의 은혜가 온 백성에게 미쳐 기뻐하는 일.

구름 운
부수 : 雨

雲　雲

총 12획　一 厂 厂 雨 雨 雨 雨 雫 雫 雲 雲

드리울 수
부수 : 土

垂　垂

총 8획　一 二 千 千 丢 乖 乖 垂 垂

바다 해
부수 : 氵

海　海

총 10획　丶 丶 氵 氵 汇 海 海 海 海

설 립
부수 : 立

立　立

총 5획　丶 一 一 六 立

유각양춘

有脚陽春

다리가 있는 양춘이라는 뜻으로,
널리 은혜를 베푸는 사람을 이르는 말.

있을 유
부수 : 月

有　有

총 6획　一 ナ オ 冇 有 有

다리 각
부수 : 月

脚　脚

총 11획　丿 刀 月 月 肝 肚 肤 胠 胠 １ 脚

별 양
부수 : 阝

陽　陽

총 12획　丶 ３ 阝 阝 阝 阡 阴 阳 陧 陽 陽

봄 춘
부수 : 日

春　春

총 9획　一 二 三 夫 夫 表 春 春 春

멋지게 쓰기

雲　垂　海　立

멋지게 쓰기

有　脚　陽　春

은중태산
恩重泰山

은혜가 태산같이 크다는 뜻.

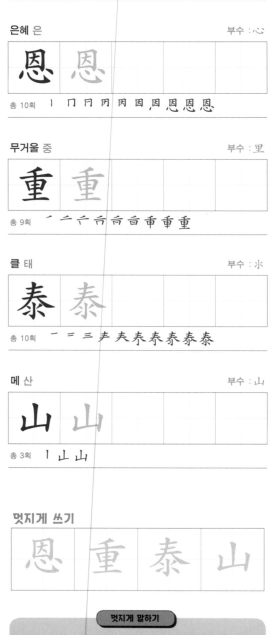

은혜 은　　　　　　　　부수 : 心
恩　恩
총 10획　ノ 冂 冃 因 因 因 因 恩 恩 恩

무거울 중　　　　　　　부수 : 里
重　重
총 9획　ノ 亠 台 台 台 台 重 重 重

클 태　　　　　　　　　부수 : 水
泰　泰
총 10획　一 二 三 夫 夫 泰 泰 泰 泰 泰

메 산　　　　　　　　　부수 : 山
山　山
총 3획　丨 山 山

멋지게 쓰기
恩　重　泰　山

의해은산
義海恩山

의(義)는 바다와 같고, 은혜는 산과 같다는 뜻으로,
은의(恩義)가 대단히 크고 깊음을 이르는 말.

옳을 의　　　　　　　　부수 : 羊
義　義
총 13획　ソ ソ ソ ソ 王 王 王 美 美 義 義 義

바다 해　　　　　　　　부수 : 氵
海　海
총 10획　丶 丶 氵 氵 汇 汇 海 海 海 海

은혜 은　　　　　　　　부수 : 心
恩　恩
총 10획　ノ 冂 冃 因 因 因 因 恩 恩 恩

메 산　　　　　　　　　부수 : 山
山　山
총 3획　丨 山 山

멋지게 쓰기
義　海　恩　山

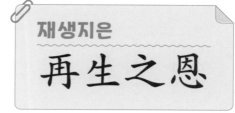

일반지보
一飯之報

한 번 밥을 얻어먹은 은혜에 대한 보답.
곧 적은 은혜에 대한 보답을 뜻함.

재생지은
再生之恩

죽게 된 것을 살려 준 은혜를 뜻함.

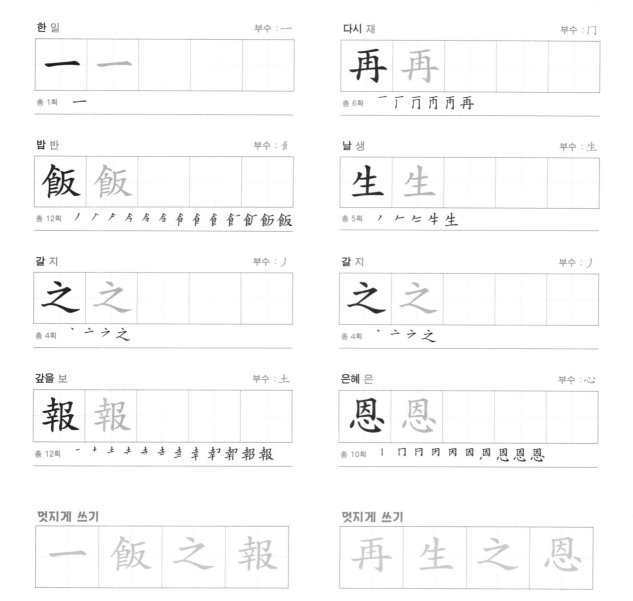

한 일　　　　　　　　부수 : 一

一　一

총 1획　一

밥 반　　　　　　　　부수 : 食

飯　飯

총 12획　ノ ノ ﾉ 今 今 今 卸 食 食 食 飣 飯 飯

갈 지　　　　　　　　부수 : ﾉ

之　之

총 4획　丶 亠 ﾆ 之

갚을 보　　　　　　　부수 : 土

報　報

총 12획　一 十 土 土 吉 吉 幸 幸 韓 報 報

다시 재　　　　　　　부수 : 冂

再　再

총 6획　一 厂 冂 丙 再 再

날 생　　　　　　　　부수 : 生

生　生

총 5획　ノ ﾉ 二 牛 生

갈 지　　　　　　　　부수 : ﾉ

之　之

총 4획　丶 亠 ﾆ 之

은혜 은　　　　　　　부수 : 心

恩　恩

총 10획　丨 冂 冈 囙 因 因 恩 恩 恩 恩

멋지게 쓰기

一　飯　之　報

멋지게 쓰기

再　生　之　恩

멋지게 말하기

창수 어머니! 식사 맛있게 잘 먹고 갑니다.
차후에 **일반지보** 하겠습니다.

멋지게 말하기

제가 교통사고로 의식이 없었을 때를 생각하면
선생님께 **재생지은**하며 살겠습니다.

지은보은
知恩報恩

은혜를 알고 그 은혜에 보답함을 이르는 말.

알 지　　　　　　　　부수 : 矢

知　知

총 8획　ノ　ト　午　矢　矢　知　知

은혜 은　　　　　　　부수 : 心

恩　恩

총 10획　丨　冂　日　用　因　因,因　恩　恩　恩

갚을 보　　　　　　　부수 : 土

報　報

총 12획　一　十　土　キ　キ　幸　幸　幸　剌　郣　報　報

은혜 은　　　　　　　부수 : 心

恩　恩

총 10획　冂　日　用　因　因,因　恩　恩　恩

멋지게 쓰기

知　恩　報　恩

천은망극
天恩罔極

하늘의 은혜가 한이 없다는 뜻으로, 임금의 은덕이
더할 나위 없이 두터움을 이르는 말.

하늘 천　　　　　　　부수 : 大

天　天

총 4획　一　二　天　天

은혜 은　　　　　　　부수 : 心

恩　恩

총 10획　丨　冂　日　用　因　因,因　恩　恩　恩

없을 망　　　　　　　부수 : 罒

罔　罔

총 8획　丨　冂　冂　冈　冈　罔　罔　罔

극진할 극　　　　　　부수 : 木

極　極

총 13획　一　十　才　木　朾　朾　杤　极　极　柯　極　極　極

멋지게 쓰기

天　恩　罔　極

촌초춘휘
寸草春暉

부모의 은혜는 일만 분의 일도
갚기 어려움을 이르는 말.

마디 촌　　　　　　　　　　부수 : 寸

寸	寸				

총 3획　一 十 寸

풀 초　　　　　　　　　　부수 : 艹

草	草				

총 10획　一 十 艹 艹 艹 节 节 草 草 草

봄 춘　　　　　　　　　　부수 : 日

春	春				

총 9획　一 二 三 声 夫 表 春 春 春

빛 휘　　　　　　　　　　부수 : 日

暉	暉				

총 13획　丨 刀 月 日 旷 旷 旷 旷 旷 暉 暉 暉 暉

멋지게 쓰기

寸	草	春	暉

멋지게 말하기

어려운 환경에서 대학교수로 키워준 부모님께
효도를 다한다 해도 **촌초춘휘**한 마음뿐이었다.

추원보본
追遠報本

조상의 덕을 추모하여 제사를 지내고,
자기의 태어난 근본을 잊지 않고 은혜를 갚음.

좇을 추　　　　　　　　　　부수 : 辶

追	追				

총 11획　丿 丨 亻 冃 自 自 自 泊 泊 追 追

멀 원　　　　　　　　　　부수 : 辶

遠	遠				

총 14획　一 十 土 丰 吉 吉 毐 袁 袁
　　　　袁 遠 遠 遠

갚을 보　　　　　　　　　　부수 : 土

報	報				

총 12획　一 十 土 丰 吉 古 幸 幸 封 封 報 報

근본 본　　　　　　　　　　부수 : 木

本	本				

총 5획　一 十 才 木 本

멋지게 쓰기

追	遠	報	本

멋지게 말하기

우리의 뿌리를 찾아가는 여정 속에서, 우리는 우리
자신을 발견하고 **추원보본**의 가치를 이해하게 됩니다.

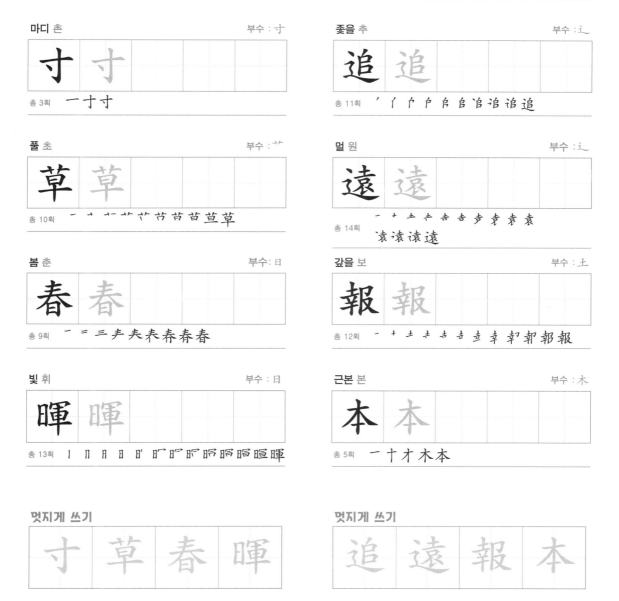

투도보리
投桃報李

복숭아를 선물 받고 자두로 답례하다는 뜻으로,
서로 격에 맞아 친밀하게 지낸다는 말.

던질 투   부수: 扌

投　投

총 7획 　一 十 扌 扌 扑 扴 投

복숭아 도   부수 : 木

桃　桃

총 10획 　一 十 才 木 朷 杉 材 材 桃 桃

갚을 보   부수: 土

報　報

총 12획 　一 十 土 キ 축 축 초 幸 幸' 報 報 報

오얏 리   부수 : 木

李　李

총 7획 　一 十 才 木 本 李 李

멋지게 쓰기

投　桃　報　李

멋지게 말하기

부모님께 효도하는 아버지의 모습에 나 또한 **투도보리**의
삶으로 아버지께 효도해야겠다고 다짐했다.

하해지은
河海之恩

큰 강이나 넓은 바다와 같이 넓고 큰 은혜를 말함.

물 하   부수 : 氵

河　河

총 8획 　丶 丶 氵 汀 汀 汀 河 河

바다 해   부수 : 氵

海　海

총 10획 　丶 丶 氵 汇 汇 海 海 海 海 海

갈 지   부수 : 丿

之　之

총 4획 　丶 ㆍ 之 之

은혜 은   부수 : 心

恩　恩

총 10획 　l 冂 冃 冈 因 因 因 恩 恩 恩

멋지게 쓰기

河　海　之　恩

멋지게 말하기

어려웠던 시절 학비를 보내주셨던 스승님의 **하해지은**을
생각하면 꼭 성공하여 보답해야겠다는 다짐을 하게 된다.

한천자우

旱天慈雨

가뭄 하늘에 자애로운 비라는 뜻으로,
곤경에 처했을 때 구원을 받음을 비유해 이르는 말.

가물 한　　　　　　　　　　부수 : 日

旱　旱

총 7획　丶冂冃日旦旱旱

하늘 천　　　　　　　　　　부수 : 大

天　天

총 4획　一二于天

사랑 자　　　　　　　　　　부수 : 心

慈　慈

총 13획　丶丷䒑䒑兹兹兹兹兹慈慈慈

비 우　　　　　　　　　　부수 : 雨

雨　雨

총 8획　一冂冂冋而雨雨雨

멋지게 쓰기

旱　天　慈　雨

호천망극

昊天罔極

하늘이 넓고 끝이 없다는 뜻으로,
부모의 은혜가 매우 크고 끝이 없음을 이르는 말.

하늘 호　　　　　　　　　　부수 : 日

昊　昊

총 8획　丶冂冃日旦旱昊昊

하늘 천　　　　　　　　　　부수 : 大

天　天

총 4획　一二于天

없을 망　　　　　　　　　　부수 : 罒

罔　罔

총 8획　丨冂冂冃冈罔罔罔

극진할 극　　　　　　　　　　부수 : 木

極　極

총 13획　一十才木杧柯柯柯栢極極極

멋지게 쓰기

昊　天　罔　極

각골난망 : 입은 은혜에 대한 고마운 마음이
뼈에까지 사무쳐 잊혀지지 아니함.

각골명심 : 뼈에 새기고 마음에 새긴다는
뜻으로, 마음속 깊이 새겨 두고 잊지 아니함.

갈자이음 : 목이 마른 자는 무엇이든 잘
마신다는 뜻으로, 곤궁한 사람은 은혜에
감복하기 쉬움을 비유해 이르는 말.

결사보국 : 죽을 각오를 하고 나라의 은혜에
보답함.

결초보은 : 풀을 묶어서 은혜를 갚는다는
뜻으로, 죽어 혼이 되더라도 입은 은혜를 잊지
않고 갚음.

난망지은 : 잊을 수 없는 은혜를 뜻하는 말.

만세불망 : 영원히 은혜나 은덕을 잊지
아니함.

망극지은 : 임금이나 부모의 한없는 은혜를
뜻하는 말.

무육지은 : 잘 돌보아 고이 길러 준 은혜를
말함.

박시제중 : 사랑과 은혜를 널리 베풀어
뭇사람을 구제함.

반포지효 : 까마귀 새끼가 자라서 늙은
어미에게 먹이를 물어다 주는 효심이라는 뜻.

백골난망 : 죽어도 잊지 못할 큰 은혜를
입음이란 뜻으로, 남에게 큰 은혜나 덕을
입었을 때 고마움을 표시하는 말.

백배치은 : 여러 번 절하면서 입은 은혜를
고마워한다는 뜻.

보본반시 : 자신이 태어난 근본이 되는 선조의
은혜에 보답한다는 뜻.

보이국사 : 남을 국사로 대우하면 자기도 또한
국사로서 대접 받는다는 뜻으로, 지기의 은혜에
감동함을 이르는 말.

불비지혜 : 자기에게는 해가 될 것이 없어도
남에게는 이익이 될 만하게 베풀어 주는 은혜.

불인인열 : 사람의 열로써 밥을 짓지 않는다는
뜻으로, 남에게 은혜를 입는 것을 떳떳하게
여기지 않음을 이르는 말.

오조사정 : 까마귀가 새끼 적에 어미가 길러
준 은혜를 갚는 사사로운 애정을 뜻하는 말.

수은망극 : 입은 은혜가 그지없음.

우로지은 : 비와 이슬이 만물을 기르는 것처럼
은혜가 골고루 미침을 이르는 말.

시우지화 : 철 맞추어 내리는 비로 초목이
자란다는 뜻으로, 임금의 은혜가 두루 천하에
미침을 이르는 말.

운수해립 : 임금의 은혜가 온 백성에게 미쳐
기뻐하는 일.

여산대은 : 산 만큼이나 크고 많은 은혜를
말함.

유각양춘 : 다리가 있는 양춘이라는 뜻으로,
널리 은혜를 베푸는 사람을 이르는 말.

은중태산 : 은혜가 태산같이 크다는 뜻.

의해은산 : 의(義)는 바다와 같고, 은혜는 산과 같다는 뜻으로, 은의(恩義)가 대단히 크고 깊음을 이르는 말.

일반지보 : 한 번 밥을 얻어먹은 은혜에 대한 보답. 곧 적은 은혜에 대한 보답을 뜻함.

재생지은 : 죽게 된 것을 살려 준 은혜를 뜻함.

지은보은 : 은혜를 알고 그 은혜에 보답함을 이르는 말.

천은망극 : 하늘의 은혜가 한이 없다는 뜻으로, 임금의 은덕이 더할 나위 없이 두터움을 이르는 말.

촌초춘휘 : 부모의 은혜는 일만 분의 일도 갚기 어려움을 이르는 말.

추원보본 : 조상의 덕을 추모하여 제사를 지내고, 자기의 태어난 근본을 잊지 않고 은혜를 갚음.

투도보리 : 복숭아를 선물 받고 자두로 답례하다는 뜻으로, 서로 격에 맞아 친밀하게 지낸다는 말.

한천자우 : 가문 하늘에 자애로운 비라는 뜻으로, 곤경에 처했을 때 구원을 받음을 비유해 이르는 말.

하해지은 : 큰 강이나 넓은 바다와 같이 넓고 큰 은혜를 말함.

호천망극 : 하늘이 넓고 끝이 없다는 뜻으로, 부모의 은혜가 매우 크고 끝이 없음을 이르는 말.

청렴은 모든 선의 근원이자 바탕이다

청렴

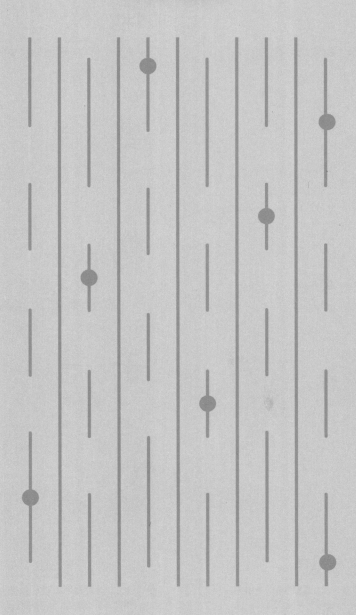

耕山釣水

산에는 밭을 갈고, 물에서는 물고기를 잡는 생활을
한다는 뜻. 속세에서 떠난 생활을 영위함을 이름.

밭 갈 경   부수: 耒

耕   耕

총 10획   一 二 三 丰 耒 耒 耒 耒 耕 耕

메 산   부수: 山

山   山

총 3획   丨 山 山

낚을 조   부수: 金

釣   釣

총 11획   丿 𠂆 亼 亼 牟 余 金 金 釘 釣 釣

물 수   부수: 水

水   水

총 4획   丨 丬 水 水

멋지게 쓰기

耕 山 釣 水

멋지게 말하기

그는 자연과 바다를 벗 삼아 **경산조수**하는 삶을
좋아 시골의 조용한 곳에서 지내고 있다.

梅妻鶴子

매화를 아내로 삼고 학을 자식으로 삼는다는 뜻으로,
선비의 풍류 생활을 두고 이르는 말.

매화 매   부수: 木

梅   梅

총 11획   一 十 才 才 木 杧 杧 梅 梅 梅 梅

아내 처   부수: 女

妻   妻

총 8획   一 ㄱ ㅋ ㄹ 主 妻 妻 妻

학 학   부수: 鳥

鶴   鶴

총 21획   丶 亠 疒 疒 疒 雀 雀 雀 雀 雀
崔 鸛 鸛 鸛 鸛 鶴 鶴 鶴 鶴

아들 자   부수: 子

子   子

총 3획   乛 了 子

멋지게 쓰기

梅 妻 鶴 子

멋지게 말하기

난 그의 **매처학자** 같은 삶을 보며 그가 얼마나
아름다운 영혼을 가진 사람인지를 알게 되었다.

명경지수

明鏡止水

맑은 거울과 고요한 물이라는 뜻으로,
사념이 전혀 없는 깨끗한 마음을 비유해 이르는 말.

밝을 명　　　　　　　　　　　부수 : 日

明　明

총 8획　 丨 冂 冃 日 旫 明 明 明

거울 경　　　　　　　　　　　부수 : 金

鏡　鏡

총 19획　 丿 丷 亼 仐 牟 余 金 釒 鈩
鈩 鈝 鈝 鐿 鐿 鐿 鐿 鏡

그칠 지　　　　　　　　　　　부수 : 止

止　止

총 4획　 丨 卜 止 止

물 수　　　　　　　　　　　부수 : 水

水　水

총 4획　 丨 冈 水 水

멋지게 쓰기

明　鏡　止　水

멋지게 말하기

요즘 같은 세상에서도 **명경지수** 같은 삶을 추구하는
그의 모습은 존경스럽습니다

빙청옥결

氷淸玉潔

얼음 같이 맑고 옥같이 깨끗하다는 뜻으로,
청렴결백한 절조나 덕행을 나타내는 말.

얼음 빙　　　　　　　　　　　부수 : 水

氷　氷

총 5획　 丿 刁 刁 氺 氷

맑을 청　　　　　　　　　　　부수 : 氵

淸　淸

총 11획　 丶 丶 氵 氵 浐 浐 清 清 淸 淸

구슬 옥　　　　　　　　　　　부수 : 玉

玉　玉

총 12획　 一 二 千 王 玉

깨끗할 결　　　　　　　　　　부수 : 氵

潔　潔

총 15획　 丶 丶 氵 氵 浐 浐 清 潔 潔 潔
潔 潔 潔 潔

멋지게 쓰기

氷　淸　玉　潔

멋지게 말하기

미란이는 성품이 **빙청옥결**과 같아서,
사람들 사이에 평판이 매우 좋다.

145

삼마태수 三馬太守

세 마리의 말을 타고 오는 수령이라는 뜻으로, 재물에
욕심이 없는 깨끗한 관리 (청백리)를 이르는 말.

석 삼　　　　　　　　　　　　　　부수:一

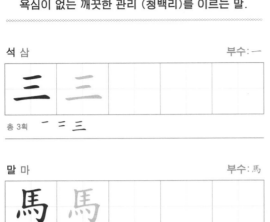

총 3획　一 二 三

말 마　　　　　　　　　　　　　　부수:馬

馬　馬

총 10획　一 厂 厂 匚 馬 馬 馬 馬 馬 馬

클 태　　　　　　　　　　　　　　부수:大

太　太

총 4획　一 ナ 大 太

지킬 수　　　　　　　　　　　　　부수:宀

守　守

총 7획　丶 丷 宀 宁 守 守

멋지게 쓰기

三　馬　太　守

세수봉직 洗手奉職

손을 씻고 공직에 봉사한다는 뜻으로,
공사에 청렴결백함을 이르는 말.

씻을 세　　　　　　　　　　　　　부수:氵

洗　洗

총 9획　丶 丶 氵 氵 浐 泮 泮 泮 洗

손 수　　　　　　　　　　　　　　부수:手

手　手

총 4획　一 二 三 手

받들 봉　　　　　　　　　　　　　부수:大

奉　奉

총 8획　一 二 三 声 夫 丢 夆 奉

직분 직　　　　　　　　　　　　　부수:耳

職　職

총 18획　一 厂 阝 刂 刂 耳 耴 耵 耶
耶 聏 聏 職 職 職 職 職 職

멋지게 쓰기

洗　手　奉　職

멋지게 말하기

이 도시의 시장은 **삼마태수**와 같고, 민생에 열심히
힘써서 시민들로부터 인기가 높습니다.

멋지게 말하기

그는 매사에 **세수봉직**의 마음으로 지역 활동을 많이 해
국민에게 인기가 많은 정치인 중의 한 명이다.

안빈낙도
安貧樂道

구차하고 궁색하면서도 그것에 구속되지 않고
평안하게 즐기는 마음으로 살아감.

편안 안   부수 : 宀

安	安			

총 6획   `丶丶宀宀安安

가난할 빈   부수 : 貝

貧	貧			

총 11획   丿八分分分伶伶伶贫贫贫

즐거울 낙   부수 : 木

樂	樂			

총 15획   丿丨自自自自細細細
樂樂樂樂樂

길 도   부수 : 辶

道	道			

총 13획   `丶丷丷꾸꾸首首首道道道道

양수청풍
兩袖清風

두 소매에 맑은 바람이라는 뜻으로,
청렴한 관리를 비유함.

두 양   부수 : 入

兩	兩			

총 8획   一丆丆而而兩兩兩

소매 수   부수 : 衤

袖	袖			

총 10획   `ラ衤衤衤衤初衻袖袖

맑을 청   부수 : 氵

清	清			

총 11획   `丶氵氵沣沣沣清清清清

바람 풍   부수 : 風

風	風			

총 9획   丿几凡凡凨凨風風風

멋지게 쓰기

安	貧	樂	道

멋지게 쓰기

兩	袖	清	風

멋지게 말하기

그는 이 세상에서 **안빈낙도**를 지향하는 것이 올바른
삶의 방식이라고 생각했다.

멋지게 말하기

그는 **양수청풍**을 모범 삼아 평생을 청렴한
공무원으로 명성을 쌓아갔습니다.

147

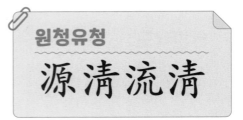

운심월성
雲心月性

구름 같은 마음과 달 같은 성품이라는 뜻으로,
맑고 깨끗하여 욕심이 없음을 이르는 말.

구름 운 　　　　　　　　　　　　부수: 雨

雲　雲

총 12획　一 ニ ァ � 币 而 雨 雪 雪 雪 雲 雲

마음 심 　　　　　　　　　　　　부수: 心

心　心

총 4획　丿 心 心 心

달 월 　　　　　　　　　　　　부수: 月

月　月

총 4획　丿 刀 月 月

성품 성 　　　　　　　　　　　　부수: 忄

性　性

총 8획　丶 丶 忄 忄 忄 忄 性 性

멋지게 쓰기

雲　心　月　性

멋지게 말하기

유명한 시인의 글을 읽다 보면 **운심월성**한 삶이
글에 고스란히 담겨 있음을 느낄 수 있다.

원청유청
源清流清

윗물이 맑으면 아랫물이 맑듯이 윗사람이 청렴하면
아랫사람도 청렴해짐.

근원 원 　　　　　　　　　　　　부수: 氵

源　源

총 13획　丶 丶 氵 汀 汀 沪 沪 沪 湃 渟 渟 源 源

맑을 청 　　　　　　　　　　　　부수: 氵

清　清

총 11획　丶 丶 氵 汀 汀 浐 浐 清 清 清 清

흐를 류 　　　　　　　　　　　　부수: 氵

流　流

총 10획　丶 丶 氵 汀 浐 浐 浐 流 流

맑을 청 　　　　　　　　　　　　부수: 氵

清　清

총 11획　丶 丶 氵 汀 汀 浐 浐 清 清 清 清

멋지게 쓰기

源　清　流　清

멋지게 말하기

부장님! **원청유청**하셔야 합니다. 그래야
부하직원들이 부장님의 모습을 따르지 않겠습니까?

一琴一鶴

거문고 하나와 한 마리의 학이 전 재산이라는 뜻으로,
관리의 청렴결백한 생활을 일컫는 말.

節義廉退

청렴과 절개와 의리와 사양함과
물러감은 늘 지켜야 함.

한 일 부수 : 一

一　一

총 1획　一

마디 절 부수 : 竹

節　節

총 15획　丿 ⺊ ⺮ ⺮ ⺮ ⺮ ⺮ 節 節 節 節 節 節 節

거문고 금 부수 : 王

琴　琴

총 12획　一 二 干 王 王 王 珏 珏 玡 琴 琴 琴

옳을 의 부수 : 羊

義　義

총 13획　丶 丷 丷 ⺶ ⺶ 羊 差 差 羊 義 義 義

한 일 부수 : 一

一　一

총 1획　一

청렴할 염 부수 : 广

廉　廉

총 13획　丶 广 广 广 产 产 庐 庐 庐 庐 廉 廉

학 학 부수 : 鳥

鶴　鶴

총 21획　丶 ⺊ ⺅ 牟 牟 牟 牟 隹 隹 隹
崔 鹤 鹤 鹤 鹤 鶴 鶴 鶴 鶴

물러날 퇴 부수 : 辶

退　退

총 10획　フ ㄱ ㅋ 艮 艮 艮 退 退 退 退

멋지게 쓰기

一 琴 一 鶴

멋지게 쓰기

節 義 廉 退

승현이는 박한 월급을 받는 공무원이지만 **일금일학**한
생활로 주위 사람들에게 모범이 되고 있다.

멋진 남자라면 어디서든
절의염퇴를 지켜야 한다.

清廉潔白

마음이 맑고 깨끗하며 재물 욕심이 없음.

清貧樂道

청렴결백하고 가난하게 사는 것을 옳은 것으로 여김.

맑을 청   부수: 氵

清 清

총 11획 　丶丶氵氵汀汗汗清清清清

맑을 청   부수: 氵

清 清

총 11획 　丶丶氵氵汀汗汗清清清清

청렴할 렴(염)   부수: 广

廉 廉

총 13획 　丶亠广广广产庐庐庐庚庚廉廉

가난할 빈   부수: 貝

貧 貧

총 11획 　丿八分分分貧貧貧貧貧貧

깨끗할 결   부수: 氵

潔 潔

총 15획 　丶丶氵氵汒泮泮潡潡潡
潔潔潔潔潔

즐길 락(낙)   부수: 木

樂 樂

총 15획 　丿自自自自自細細細
緇緇樂樂樂

흰 백   부수: 白

白 白

총 5획 　丿丿白白白

길 도   부수: 辶

道 道

총 13획 　丶丷丷产产首首首道道道道

멋지게 쓰기

清 廉 潔 白

멋지게 쓰기

清 貧 樂 道

멋지게 말하기

요즘 **청렴결백**한 고위공직자를 찾아보기 어려워진
우리 사회가 매우 안타깝다.

멋지게 말하기

선생님은 학문을 가르치며 **청빈낙도**의 정신을
전하며, 간결한 삶의 가치를 배우게 하였다

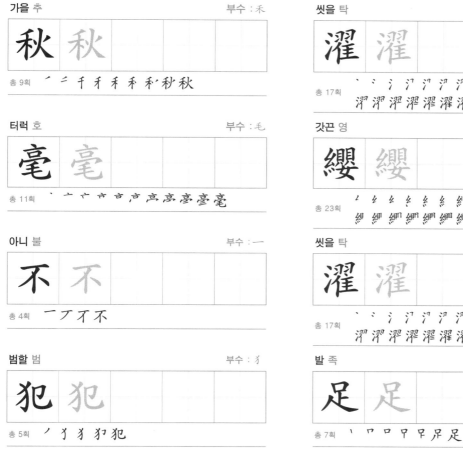

추호불범

秋毫不犯

마음이 아주 깨끗하고 청렴하여 조금도 남의 것을
범하지 아니함.

가을 추   부수 : 禾

秋   秋

총 9획   ノ 一 千 禾 禾 禾 秒 秒 秋

터럭 호   부수 : 毛

毫   毫

총 11획   ` 一 亠 宀 古 古 宀 高 亭 毫 毫

아니 불   부수 : 一

不   不

총 4획   一 ア 不 不

범할 범   부수 : 犭

犯   犯

총 5획   ノ 犭 犭 犯 犯

탁영탁족

濯纓濯足

갓끈과 발을 물에 담가 씻는다는 뜻으로, 세속에
얽매이지 않고 초탈하게 살아가는 것을 비유하는 말.

씻을 탁   부수 : 氵

濯   濯

총 17획   ` ` 氵 氵 氵 沪 沪 沪 沪 沪 沪 渭 渭 渭 濯 濯 濯

갓끈 영   부수 : 糸

纓   纓

총 23획   ノ 幺 幺 纟 纟 纟 糸 糸 紉 細 細 細 細 細 細 纓 纓 纓 纓 纓 纓 纓 纓

씻을 탁   부수 : 氵

濯   濯

총 17획   ` ` 氵 氵 氵 沪 沪 沪 沪 沪 沪 渭 渭 渭 濯 濯 濯

발 족   부수 : 足

足   足

총 7획   ` 口 口 口 무 足 足

멋지게 쓰기

秋 毫 不 犯

멋지게 쓰기

濯 纓 濯 足

멋지게 말하기

정치인의 길에는 많은 유혹도 있지만 **추호불범**의
자세가 있어야 깨끗한 정치인으로 남아 있을 수 있다네.

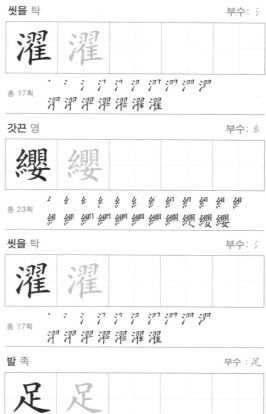

멋지게 말하기

스님은 많은 사람에게 **탁영탁족**의 삶을 살라고
말씀하시며 입적하셨습니다.

平易淡白

청렴하고 깨끗하여 욕심이 없는 마음.

곧을 평　　　　　　　　부수: 干

平　平

총 5획　一　一　ㄇ　ㄥ　平

쉬울 이　　　　　　　　부수: 日

易　易

총 8획　丨　ㄇ　曰　日　月　易　易　易

맑을 담　　　　　　　　부수: 氵

淡　淡

총 11획　丶　丶　氵　氵　氵　沙　沙　沙　沙　淡

흰 백　　　　　　　　부수: 白

白　白

총 5획　丿　丶　白　白　白

멋지게 쓰기

平　易　淡　白

許由掛瓢

허유가 표주박을 걸었다가 떼어버렸다는 뜻으로,
속세를 떠나 청렴하게 살아가는 모양.

허락할 허　　　　　　　　부수 : 言

許　許

총 11획　丶　一　二　三　言　言　言　言　許　許　許

말미암을 유　　　　　　　　부수 : 田

由　由

총 5획　丨　ㄇ　曰　由　由

걸 괘　　　　　　　　부수 : 扌

掛　掛

총 11획　一　十　扌　扌　扞　扞　挂　挂　挂　掛　掛

바가지 표　　　　　　　　부수 : 瓜

瓢　瓢

총 16획　一　一　ㄇ　西　西　西　西　覀　票　票
票　票　票　飘　瓢　瓢

멋지게 쓰기

許　由　掛　瓢

경산조수 : 산에는 밭을 갈고, 물에서는 물고기를 잡는 생활을 한다는 뜻. 속세에서 떠난 생활을 영위함을 이름.

매처학자 : 매화를 아내로 삼고 학을 자식으로 삼는다는 뜻으로, 선비의 풍류 생활을 두고 이르는 말.

명경지수 : 맑은 거울과 고요한 물이라는 뜻으로, 사념이 전혀 없는 깨끗한 마음을 비유해 이르는 말.

빙청옥결 : 얼음 같이 맑고 옥같이 깨끗하다는 뜻으로, 청렴결백한 절조나 덕행을 나타내는 말.

삼마태수 : 세 마리의 말을 타고 오는 수령이라는 뜻으로, 재물에 욕심이 없는 깨끗한 관리(청백리)를 이르는 말.

세수봉직 : 손을 씻고 공직에 봉사한다는 뜻으로, 공사에 청렴결백함을 이르는 말.

안빈낙도 : 구차하고 궁색하면서도 그것에 구속되지 않고 평안하게 즐기는 마음으로 살아감.

양수청풍 : 두 소매에 맑은 바람이라는 뜻으로, 청렴한 관리를 비유함.

운심월성 : 구름 같은 마음과 달 같은 성품이라는 뜻으로, 맑고 깨끗하여 욕심이 없음을 이르는 말.

원청유청 : 윗물이 맑으면 아랫물이 맑듯이 윗사람이 청렴하면 아랫사람도 청렴해짐.

일금일학 : 거문고 하나와 한 마리의 학이 전 재산이라는 뜻으로, 관리의 청렴결백한 생활을 일컫는 말.

절의염퇴 : 청렴과 절개와 의리와 사양함과 물러감은 늘 지켜야 함.

청렴결백 : 마음이 맑고 깨끗하며 재물 욕심이 없음.

청빈낙도 : 청렴결백하고 가난하게 사는 것을 옳은 것으로 여김.

추호불범 : 마음이 아주 깨끗하고 청렴하여 조금도 남의 것을 범하지 아니함.

탁영탁족 : 갓끈과 발을 물에 담가 씻는다는 뜻으로, 세속에 얽매이지 않고 초탈하게 살아가는 것을 비유하는 말.

평이담백 : 청렴하고 깨끗하여 욕심이 없는
마음.

허유괘표 : 허유가 표주박을 걸었다가
떼어버렸다는 뜻으로, 속세를 떠나 청렴하게
살아가는 모양.

찾아보기

157

찾아보기

사자성어를 알면 어휘가 보인다
쓰기 연습 노트 2

초판 1쇄 펴낸날 2023년 8월 31일

지은이 신성권
펴낸이 이종근
펴낸곳 도서출판 하늘아래

주소 경기도 고양시 일산동구 하늘마을로 57- 9 3층 302호
전화 (031) 976-3531
팩스 (031) 976-3530
이메일 haneulbook@naver.com
등록번호 제300-2006-23호

ISBN 979-11-5997-090-0 (43710)